전주 리뷰
-101 THINGS TO DO IN 전주

가보고 싶은 전주의 장소들 101

전주를 소개하는, 정확하게는 전주의 장소를 가이드하는 소책자입니다. 전주에 대한 인문적인 접근은 잠시 접어두고, 관광객이든 현지인이든 기꺼이 방문할 만한 곳들, 개성 넘치는 점포부터 기념비적인 건축물까지 가보고 싶은 101 장소의 매력을 칼럼 형식으로 다룬 책이에요. 전주에서 몇 시간 혹은 하루이틀 머물게 된 이들에게 유용할, 장소에 대한 토막 정보를 수집한 책이라고 봐도 무방할 듯합니다.

전주 시민이 사랑하는 덕진공원에 가면 한쪽 구석에 개업한 지 69년이나 된 구멍가게, 사람들이 왕래하는 계절에만 정기적으로 문을 여는 작은 슈퍼가 하나 있어요. 조용해서 탈속한 공간처럼 느껴지는 그곳에서 아이스바 하나 들고 창밖의 연꽃 연못을 보노라면, 질주하는 시간을 정지시키고 작금의 생활을 되돌아볼 긍정적인 여유를 느끼게 돼요.

신상 상점, 명불허전의 노포만이 아니라 이런 가게에도 지우기 힘든 전주만의 매력이 묻어 있다고 생각하는 편이에요. 대체로 이런 접근, 누구나 반할 만한 장소를 소개하되, 어느 구석에서 반딧불처럼 빛나는 미지의 장소를 발견하고자 했습니다. 덕진공원 '한나슈퍼'는 이 책의 마지막, 101번째 장소로 등장해요.

이 작은 책이 전주의 개성, 즐거움, 아름다움을 전하는 데 도움이 되길 기대해봅니다. 전주는 빠르게 변화하는 도시이고, 매력의 스펙트럼도 그만큼 다채롭다 하죠. 전주에서 활동하는 젊은 필자 열 명이 진심을 다해 추천한 101곳의 장소가 독자들의 뇌리에 한 뼘 더 가닿기를, 아울러 바라봅니다. 전주가 당신의 즐거움이자 행운이기를!

차례
CONTENTS

전주리뷰
101 THINGS TO DO IN 전주

건축 **ARCHITECTURE**	18	전동성당
	22	전주향교
	24	구(舊) 박다옥
	26	국립무형유산원
	28	인재고택 학인당

커피와 차 **COFFEE & TEA**	32	로민커피
	36	평화와 평화
	40	디드
	42	길위의 커피
	44	바이아커피스토어
	46	코스모스 에이피티
	50	소프
	52	카페 닉
	56	브이엠에스 커피
	60	교동다원
	64	지유명차 전주혁신점
	66	LP카페 소리

서점과 가게 **BOOKS & SHOPS**	70	북눅 전주
	74	물결서사
	78	조림지
	80	살림책방
	82	에이커북스토어
	84	잘익은언어들
	86	책방 토닥토닥
	88	청동북카페
	92	프롬투
	94	일요일의 침대
	96	금지옥엽X무명씨네
	98	작가의 취향

전주의 산책길	102	덕진공원
WALKING	104	웨딩거리-차이나거리-전라감영
	108	청연루-향교
	110	경기전
	114	바람 쐬는 길
	116	건지산둘레길
	118	세병공원
	120	기지제 수변공원
	122	완산칠봉꽃동산

문화 공간	126	팔복예술공장
CULTURAL SPACE	130	우진문화공간
	134	창작소극장
	136	전주디지털독립영화관
	138	뜻밖의미술관
	140	더바인홀

읽기	144	건지산숲속작은도서관
READING	148	금암도서관
	152	서학예술마을도서관
	156	학산숲속시집도서관
	160	연화정도서관
	164	완산도서관
	168	전주영화호텔 영화도서관
	172	다가여행자도서관

음식점	176	낸시베이크샵
EATS	178	레이지크 해비탯
	180	짹팥
	182	빛의 안부
	184	매미식당
	186	무슈 빠따뜨

	188	아이마미따
	190	승구우동
	192	도파멘
	194	돈카츠흑심
	196	동락
	198	강담일식
	200	대보장
	202	백화짬뽕
	204	전주칼국수
	206	백송회관
	208	지복점

국밥을 찾아서	212	목로국밥
GUKBAP SPECIAL	213	혜연옥
	214	현대옥 남부시장점
	215	조점례남문피순대
	216	옛날피순대
	217	양평해장국 본점
	218	큰집피순대 본점
	219	김가네얼큰이국밥
	220	정수진풍년순대
	221	동원순대집
	222	아줌마순대국밥
	223	전주왱이콩나물국밥전문점
	224	두거리우신탕 본점
	225	연지본관
	226	원조효자소머리곰탕
	227	족보설렁탕
	228	도담국밥앤수육
	229	삼백집
	230	호성순대
	231	금암피순대

주점
DRINK

234	노매딕 비어가든
238	까사 데 알마
240	오스쿠로
242	카페코모도
244	몰트픽
246	길손네 학사주점
248	반구절점
252	소록
254	새벽강
256	초원편의점
260	전일갑오
262	한나슈퍼

일러두기

1. 이 책에 소개된 101개 장소는 복수의 필자와 관계자들이 추천한 것을 종합한 것입니다. 여론조사와 같은 객관적인 지표에 의한 선정이 아닌 점 참고 바랍니다.

2. 1부터 101의 숫자는 순위가 아니며 업종 및 분야별로 나열한 순서입니다.

3. 인스타그램 등 공식 계정이 있는 곳은 QR 코드를 게재하였습니다. 점포의 사정에 따라 계정이 종료되거나 변경될 수 있는 점 알려드립니다.

4. 여기 게재된 정보 및 사진은 2025년 3-4월 취재에 의한 것입니다. 영업시간 등 주요 정보가 추후 변경될 수 있으니 방문 전 최신 정보를 확인하길 권합니다.

건축

**400년 성상의 향교, 구한 말 고택과 종교 건축,
일제강점기 근대 건축물부터 현대 건축까지,
전통과 현대가 만나는 전주에는 시대를 대표하는
건축물들이 무던하게 공존하고 있다.**

전주를 대표하는 비잔틴 양식의 종교 건축

한옥마을에 온 관광객이라면 반드시 올려다보게 되는 아름다운 건축물이 있다. 전주에 세워진 가장 오래된 성당이자 호남 최초 서양식 건물 전동성당이 그곳이다. 한국을 대표하는 근대 성당 건축물로 꼽히는 전동성당은 한국 최초 순교 터로 천주교의 성지이자 전주 여행의 필수 코스다.

전동성당이 특별한 이유는 전주 한옥마을 속 동서양이 공존하는 이채로운 풍경을 만날 수 있어서다. 특히 한옥 지붕 내림마루 너머로 보이는 성당 모습은 매력적이다. 건축 이야기도 흥미롭다. 1914년 완성된 전동성당은 서울 명동성당 건립에 참여한 프랑스 푸아넬 신부가 설계를 맡았다. 전주성 성벽을 헐어낸 돌로 성당 주춧돌을 세우고, 중국인 기술자들이 직접 구운 벽돌을 올려 만들었다.

건축적으론 중앙의 종탑과 양쪽 계단에 비잔틴 양식의 뾰족한 돔을 올린 것이 특징이다. 특히 북쪽에 있는 전주 중심부를 바라보도록 북향으로 지어졌는데 성당이 잘 올려다보이도록 하기 위해서라고 한다. 사람들로 북적이는 본당 건물 바로 옆에는 1926년 지어진 사제관도 한 세기 동안 묵묵히 자리를 지키고 있다. 전동성당은 웅장한 앞모습도 빼놓을 수 없지만 사제관이 있는 차분한 뒷모습도 놓칠 수 없다. (임주아)

1 전동성당

⬇ 본관과 쌍을 이루는 유서 깊은 사제관(1926년 준공).

ⓘ 한국 천주교의 첫 순교 터에 지어진 전동성당.
설계는 서울 명동성당 내부 공사를 담당했던
푸아넬 신부가 했다.

⊕ 상당 내부, 가톨릭 특유의 돔과 창문에 장식된 스테인드글라스.

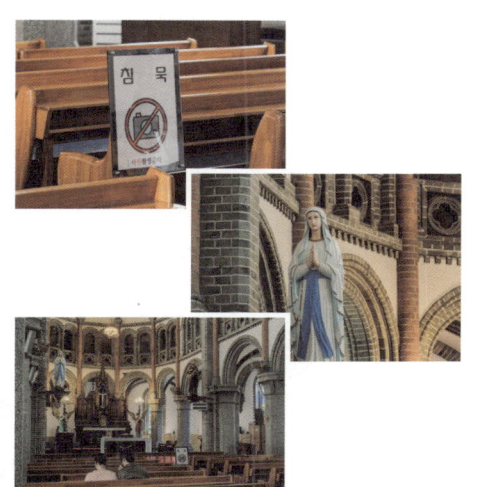

전동성당
견고하고 진중한 인상의 잿빛 및 붉은색 벽돌 건물. 주춧돌은 순교자들의 처형 장소였던 풍남문 인근 성벽의 돌이라고 한다.
주소 전주시 완산구 태조로 51
전화 063-284-3222
오픈 매일 9:00~17:00

건물 뒤편에서 본관의 구조와 형태를 상세 관찰할 수 있다.
서울 명동성당, 대구 계산성당과 함께 한국의 아름다운 3대 성당으로 손꼽힌다.

(↑) 유학자의 위패를 모시고 유교 교육을 담당한 교육 기관. 녹음에 잠긴 한여름의 대성전.

(←) 대성전을 지나면 보이는 명륜당. 전주향교는 영화 및 드라마 촬영지로도 명성이 높다.

전주향교
대성전과 명륜당 앞뜰에는 400년 수령의 은행나무가 있다. 벌레를 타지 않는 은행나무처럼 바른 사람이 되라는 의미.
주소 전주시 완산구 향교길 139
전화 063-288-4544
오픈 화-일 9:00~18:00(11월~2월 10:00~17:00), 월요일 휴무

앞 전각이 입구에 해당하는 만화루, (↑) 뒤편에 보이는 것이 대성전. (사진: 문화유산청)

↑ 여름이면 녹색으로, 가을이면 수백 년 수령의 은행나무 잎으로 뒤덮인다.
(사진: 전주시 제공)

전주향교

2

한옥마을의 심장 같은 곳

가을이면 향교의 첫 번째 입구 만화루로 들어서면 큰 은행나무들 높이 노랑 은행잎이 물들어 온 세상이 금빛 세상이다. 바닥에 수북하게 떨어진 은행잎도 그리 황홀하지 않을 수 없다. 다음 일월문에 들어서면 대성전이 보인다 여름이면 탁 트인 이곳을 찾아 하늘의 구름도 보고 내리쬐는 볕을 피해 동무 서무 처마 밑에 앉아 더위를 식히는 일 또한 한량한 사치가 아닐 수 없다.

대성전을 지나 작은 문을 통해 명륜당으로 가면 낮은 담벼락 사이로 매화꽃과 붉은 철쭉들이 화려하게 맞이해 인사를 한다. 명륜당 마루에 앉아 곳곳을 바라보는 시선이 좋다. 겨울이면 300년이 훌쩍 넘은 은행나무 가지 사이로 소복하게 쌓인 눈들을 바라보면 대단한 힘이 느껴진다. (오힘)

구(舊) 박다옥
장식이 없고 기능적
형태를 강조하는
모더니즘 건축이
도래하기 전 재료와
장식 측면에서 다분히
1920년대 건축 양식을
보여주는 근대 건물.
주소 전주시 완산구
전라감영3길 14

근대유산 하카타 씨의 오래된 건물

3 구(舊) 박다옥

아기자기한 상점이 모여 있는 전주 중앙동 웨딩거리 한복판, 평범한 상가 건물 사이에서 잠시 고개를 들면 딱 봐도 오래된 빌딩이 눈에 들어온다. 이름은 박다옥. 일본인 박다(博多, 하카타) 씨의 집이라는 뜻이라고 한다. 1920년대 일제강점기 전주에서 가장 번화한 거리에 지어져 우동집, 일식집, 전기회사 사옥으로 쓰여왔다.

건물은 2005년 국가등록문화유산으로 지정된 뒤 2021년 국가유산청이 매입하면서 나라가 관리하는 건물이 됐다. 박다옥은 전주 구도심에 현존하는 가장 오래된 근대 건축물로서 의미가 크다. 내부 구조부터 외벽, 지붕틀까지 당시 유행하던 건축 양식이 그대로 남아 있다. 지금껏 버텨온 시간들이 소중하지만, 앞으로가 더 기대되는 곳이다. 국가유산청 산하기관인 문화유산국민신탁의 호남지방사무소가 박다옥에 들어서면서 복합예술공간으로 운영되고 있어서다.

전주 시민들에게도 낯선 이곳이 조금이라도 주목받길, 그래서 더 오래 남아 있길 바란다. 박다옥 한 바퀴 돌아보고 바로 옆에 있는 노포 진미반점(1969년 개업)에서 물짜장에 고기튀김까지 먹고 나오는 코스를 추천한다. (김달아)

⊖ 일제강점기 정방형 3층 상업건물로 지어진, 전주에서 처음으로 생긴 대형 일본 음식점이었다고 전한다. 출입구 상부를 삼각형 페디먼트(pediment)로 장식했다.

거대한 규모 안에 숨겨진 한국 미학

'국립무형유산원'이란 이름만 들으면 조금은 엄숙하고 딱딱하게 느껴질지도 모른다. 개관한 지 10년이 넘었지만, 전주 시민에게조차도 낯선 공간이다. 하지만 이곳을 한번 방문하고 나면 그 인상이 완전히 달라질 거다. 다양한 전시를 감상할 수 있을 뿐만 아니라 도심공원과 같은 아름다운 조경을 갖추고 있어 한나절 햇살을 마주하며 여유를 즐기기에 더없이 좋은 곳이다.

회랑 구조는 국립무형유산원의 가장 큰 건축적 특징이다. 가운데 넓은 마당을 전시관, 체험 공간, 도서관, 사무실 등이 직사각형으로 둘러싸고 있어 마치 조각보처럼 서로 얽히고 연결된 듯한 느낌을 준다. 처음엔 웅장한 건물 규모에 압도되지만 가까이 다가갈수록 가운데가 탁 트인 구조 덕분에 마음이 편안해지는 공간이다. 작은 분수가 흐르는 연못과 오방색을 품은 기가 곳곳에 걸려 있어 한국적인 미학을 오롯이 느낄 수 있다.

국립무형유산원은 전통 공예, 음악, 춤 등 글로만 접하기 어려운 무형문화재를 디지털 콘텐츠로 생생하게 체험할 수 있는 전시가 마련돼 있다. 우리 소리의 웅장함, 탈춤의 역동성, 정교한 목공예의 아름다움을 직접 느껴보며 무형유산의 가치를 온몸으로 경험해보길 추천한다. (나보배)

대지 곳곳에 다양한 식재가 펼쳐져 있어 산책 코스로도 그만이다. 국립무형유산원은 한옥마을과 천변을 끼고 있다.

국립무형유산원
여러 세대를 거쳐 다양한 양상으로 전승되는 문화유산인 무형유산을 체계적으로 보존, 연구하기 위해 설립된 행정기관.
주소 전주시 완산구 서학로 95
전화 063-280-1400
오픈 화-일 9:30~17:30, 월요일 휴관

국립무형유산원

instagram

4

(↑) 선과 면 등 기하학적 면모를 전면적으로 강조한 설계가 두드러진다.

(↓) 거대한 회랑 구조를 가진 국립무형유산원. 무형유산의 현대적 전승과 향유를 사명으로 하는 공공 기관이다.

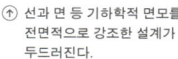

> **백년의 기억을 품은 역사적 고택**

5

전주 한옥마을에 가장 오래된 한옥이자 유일한 문화유산인 인재고택 학인당(이하 학인당)은 전주 사람들도 꼭 하루 묵어보고 싶어 하는 역사적인 고택이다. 최근에는 인기 드라마 촬영 장소로도 유명해졌다. 〈미스터 션샤인〉에서 유진 초이(이병헌)가 부모의 원수를 갚기 위해 찾은 집으로, 〈정년이〉에서는 주인공 정년이(김태리)가 활동하는 매란국극단 연습실로 나왔다.

궁중 건축 양식으로 지어진 학인당은 구한말부터 근대에 이르기까지 파란만장했던 역사를 함께한 공간이다. 일제강점기 설 자리를 잃어가던 이 지역 명창들의 공연 무대로 활용됐고, 해방 이후에는 '한강 이남 최고의 한옥'이라 불리며 정부 요인들이 묵는 영빈관이 됐다. 김구 선생이 찍힌 기념사진은 당시 이곳의 명성을 잘 보여준다.

학인당은 고종 때인 1908년 전주 대부호 백낙중이 지었다. 판소리 공연을 위해 천장을 높게 설계하고 방문 틀까지 떼었다 붙였다 할 수 있게 만들었다는 일화는 유명하다. 후손들이 대대로 살아온 학인당은 2007년부터 고택 체험 공간으로 개방되고 있다. 지금은 5대손인 백광제 씨 부부가 운영하며 숙박객을 맞고 있다. 특히 잘 가꾸어진 연못 정원의 소나무와 배롱나무가 멋스럽다. 주말에는 종종 결혼식도 열린다. (임주아)

인재고택 학인당

↑ 한옥마을 가로변, 평범한 입구를 통과하면 20세기 초에 지어진
유서 깊은 한옥이 유구한 내력을 간직한 채 서 있는 모습이
나타난다. 사시사철 전경을 담은 홍보 사진 속 학인당.

instagram

인재고택 학인당
조선 말기에 지은 상류층 한식 주택.
조선왕조 붕괴 후 궁중 건축양식을 민간 주택에 도입한
전형적인 사례로 회자된다.

주소 전주시 완산구 향교길 47
전화 063-284-9929

커피와 차

전주는 젊은 층의 인구 비율이 상대적으로
높아 그들을 주 고객으로 하는 F&B
수준이 대도시와 견줄 만큼 높다.
트렌드와 퀄리티, 어느 것도 양보하지
않는 대표적인 커피숍과 찻집들.

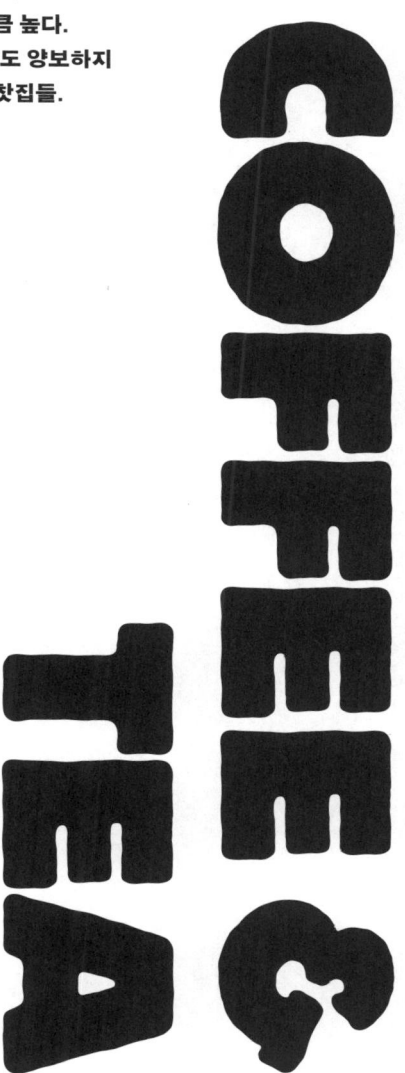

로민커피

커피에 진심을 내리는 맛집

⬅
"매일 오시는 단골 손님들에게 늘 같은 커피잔에 서비스하는 게 마음에 걸리더라고요. 그렇게 커피잔을 컬렉션하기 시작했습니다."

"로민커피는 직화식 로스터기로 커피를 볶고 전주의 전통 한지로 커피를 내립니다." 전주에 온 관광객이라면 혁신도시에 가볼 일은 딱히 없을 것이다. 그러나 이제 로민커피에 가기 위해 혁신도시로 향해야만 한다. 커피에 진심을 내리는 보기 드문 맛집이어서다.

국민연금공단 앞 건물 1층에 있는 가게에 들어서면, 빈티지 커피잔이 대거 놓인 진열장이 먼저 눈을 사로잡는다. 커피를 기다리는 동안 120개가 넘는 잔을 관찰해보며 주인장의 애정을 세어보기도 한다. 확실히 이 가게가 남다르다고 느끼게 되는 건 메뉴판의 빼곡한 글자를 볼 때다. 아메리카노 종류는 6가지로 세분화되어 있고, 드립 커피는 핸드 드립과 자동 드립 중에서 고를 수 있게 되어 있다. 원두 종류는 각 잡고 봐야 할 만큼 많다.

디저트나 베이커리 하나 없이 오직 커피로만 승부하는 곳. 오전 8시에 열고 오후 5시 30분에 닫는 곳. 작정하고 찾아가야 하는 곳이겠으나 커피를 사랑한다면, 이곳 드립 커피는 꼭 한번 맛보아야 한다. (임주아)

⭡ 로민커피의 드립 방식은 카페인은 적게,
수율은 높게 추출하는 방식. 물줄기가
아닌 물방울을 커피 전체에 골고루 적셔,
부드럽고 정갈한 커피를 맛볼 수 있다.

⭢
직화식으로 생두를 볶고,
특별 제작한 전통 한지 필터를 사용한다.

instagram

로민커피
주인장의 커피 내리는 모습을 보고 있으면 문득 커피를
배워보고 싶기도. 아니나 다를까 클래스 운영 중.

주소 전주시 덕진구 오공로 132 금융안심 빌딩 1동 1층 106호
전화 0507-1397-5350
오픈 월-금 8:00~17:30, 토 10:30~17:00, 일요일 휴무

평화와 평화

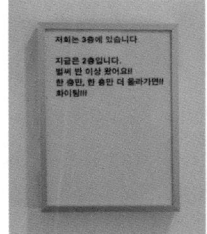

평일에도 사람이 많다
웨리단길
영감의 커피 명소

훌륭한 커피와 디저트의 맛, 그리고 영감을 주는 감각적인 공간과 오브제들, 이런 곳을 만날 때 우리는 잘된 브랜딩을 떠올린다. 발달하지 않은 상권의 건물 3층에서 시작했지만 이젠 전주를 방문할 첫 번째 이유로 꼽는 이들이 생겨날 만큼 정체성을 갖게 된 곳, 웨딩거리에 위치한 평화와 평화다.

'평화가 시작된다'는 안내가 붙어 있는 문을 열고 안에 들어서면 높고 넓은 테이블, 텍스트 위주의 굿즈들, 마음을 풀어주는 식물들이 만드는 안정감 덕에 정돈된 편안함을 느끼게 된다. 커피 종류는 모두 핸드 드립. 양이 많은 편은 아니지만 저렴한 가격으로 리필이 가능하고 논커피 메뉴와 시즈널 블렌딩 티가 있으며, 피낭시에는 오후 늦게 가면 품절될 만큼 인기가 높다.

전술했듯 방문하는 이들이 꽤 많아 웨이팅이 자주 발생하고 제법 손님들로 북적여 간혹 평화롭지 않게 느껴질 수도 있다. 매일 오전 9시부터 영업을 시작하니 아침 일찍 방문해 맛있는 커피와 피낭시에를 앞에 두고 자연스러운 평화를 느껴보길 추천한다. (황자양)

←
개방감이 느껴지는 좌석 배치. 혼자 공부하거나 책을 읽기에 적합한 분위기 덕분에 손님들이 꽉 차도 번잡하게 느껴지지 않는다.

↑
텍스트, 타이포그래피,
B&W 출력물, 윈도 시트 커팅.
평화와 평화의 시각적 정체성에
해당하는 요소들이다.

instagram

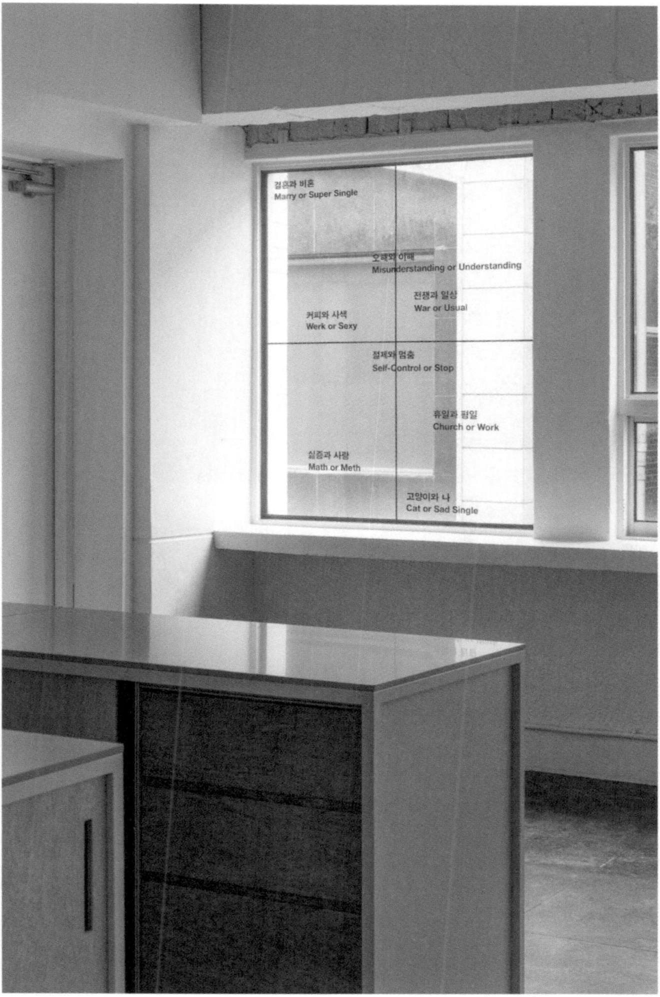

평화와 평화
숍 감성, 인테리어, 핸드 드립 퀄리티 등 모든 면에서
만족스러운, 근린상가 3층에 자리한 청춘들의 커피숍.

주소 전주시 완산구 전라감영4길 16-7 3층
전화 0507-1324-9340
오픈 매일 9:00~22:00

(↑) 완산칠봉꽃동산 입구에 위치한 2호점 디드(꽃동산점). 이곳 역시 젊은이들의 생기가 넘치는 공간이다.

(↓) 라떼 아이스잔을 감싸고 있는 손뜨개 홀더는 디드 꽃동산점 주인장의 작품.

디드

(↓) 객사점 디드. 커피를 좋아하는 당신이 전주에 온 이상, 반드시 방문해야 할 캐주얼 커피숍.

8

전주를 그리워하게 만들 커피숍

커피는 잘 모르지만 한 잔이라도 맛있게 마시고 싶다. 그래서 찾아 헤매다 발견했다. 전주 완산구 고사동에 있는 카페 디드. 구도심(시내) 중심부에서 조금 떨어진 곳인데 평일 이른 아침부터 발길이 끊이지 않는다. 작은 테이블 대여섯 개에 꽉 채워도 열 명 남짓 들어갈 만한 소박한 공간이지만 사람들이 이렇게 찾아오는 이유는 바로 커피 맛 때문일 거다.

고정 메뉴는 커피만으로 구성된 5가지. 아메리카노는 산미와 은은한 단맛이 조화로워 누구나 호불호 없을 것 같고 고소한 라떼와 플랫화이트, 연유가 들어간 돌체도 인기 메뉴다. 매달 에스프레소, 라떼, 필터 커피로 스페셜 메뉴를 추가해 방문할 때마다 새로운 커피 맛을 즐길 수 있는 재미도 있다.

맛도 맛이지만 디드를 망설임 없이 또 찾게 되는 건 합리적인 가격 덕분이다. 아메리카노 3000원, 가장 비싼 메뉴는 라떼와 돌체 3500원이다. 매년 봄이면 상춘객으로 북적이는 완산공원 인근에 디드 꽃동산점도 있으니 끌리는 곳 어디든 꼭 찾아가보길. 여기 커피 때문에 전주에 다시 오고 싶어질지도. (김달아)

instagram

디드
통창, 화이트 톤, 한쪽에 붙인 벤치 테이블을 공간 콘셉트로 하는 디드는 청결하지만 편안한 면모를 가진, 아침 커피의 명소
주소 (객사점) 전주시 완산구 전주객사3길 96,
　　　 (꽃동산점) 전주시 완산구 곤지산3길2
오픈 (객사점) 매일 8:00~18:00 / (꽃동산점) 매일 7:00~16:00

> **성실하고 맛있는 커피란?**

로스팅 전문 커피하우스. 커피를 진심으로 좋아하는 사람에게 이곳을 추천한다. 여기는 현지인들에게도 10년 이상 된 단골들이 많다. 처녀, 총각 때부터 데이트 장소로 만나 결혼에서 출산 그리고 아이들의 공간이 되어주기까지 한다.

경매를 통해 생두를 직접 수입해 가져오며 농장 직거래를 통해 원두를 가져온다. 운이 좋은 날에는 그 귀한 게이샤 원두로 내린 커피를 마셔볼 수 있는 기회도 있다. 기계로 추출해주는 커피도 맛있지만 다양한 원두를 선택해 마실 수 있는 핸드 드립 커피를 강추한다. 무엇보다 5000원으로 핸드 드립 커피를 한 번 더 리필해주신다. 그것도 다른 원두로 성실하고 맛있는 커피집이다. (오힘)

9

길 위 의 커 피

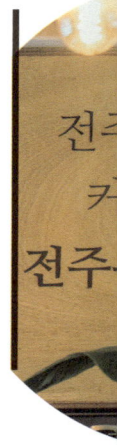

instagram

⊕ 언제나 15종의 아프리카, 아시아, 중미, 남미, 디카페인, 블렌드 메뉴를 고수하는 게 쉽지 않지만, 고객의 선택을 위해 재고를 유지하려 노력한다.

길위의 커피
개업한 지 20년 가까이 되어, 전북대 교수님들이 즐겨 찾는 정통파 커피숍. 구력에 어울리는 실력과 품격을 갖췄다.
주소 전주시 덕진구 명륜1길 14-5 1층
전화 0507-1351-1378
오픈 9:00~18:00, 일요일 휴무

(↑) 최윤진 대표가 추구하는
'길블렌드'의 특징은 "매일 먹어도
부담스럽지 않은 무난함, 다양한
사람이 추출해도 진폭 없는 편안함".

(↑)
3단 논법 슬로건. "전주 음식은 맛있다.
커피도 음식이다. 전주는 커피도 맛있다."
'Made in Jeonju, GIL Coffee'라는
상표 등록 예정.

> **스몰 배치 로스터리의
> 강점을 추출합니다**

이른 아침, 전주를 카페인으로 깨워주는 곳. 매장 앞에 자전거 거치대가 근사한 바이아커피스토어는 다양한 싱글 브루잉 커피와 클래식 메뉴를 맛볼 수 있는 커피숍이다. 새로운 싱글빈이 추가될 때마다 함께 늘어나는 넘버링은 바이아커피스토어가 새로운 싱글을 얼마나 다뤘는지 보여준다. 지금은 30번대의 커피를 주문할 수 있었는데, 동시에 8가지가 넘는 싱글 라인업이 있다. 스몰 배치 로스터리의 강점이 곳곳에 묻어 있다.

변화에 유연하고 다양한 맛을 합리적인 가격에 소개한다. 홀빈 원두도 저렴하게 구매할 수 있다. 추천을 부탁하면 오늘 가장 맛있는 커피로 가이드 해주는데, 클래식 메뉴보다 이곳만의 메뉴가 궁금하다면 바이아 커피 토닉도 참 좋다. 에이드처럼 청량하게 마시는 커피 토닉은 남녀노소 누구에게 추천해도 마음이 편안하다. (강평화)

바이아커피스토어
주차하기 힘든 이면도로 한편에 소박하게 자리 잡은 초소형 커피숍. 2024년 봄 개업.
주소 전주시 완산구 현무1길 21-15 문화빌딩 1층
전화 0507-1358-3316
오픈 수-일 8:00 ~16:00, 월-화 휴무

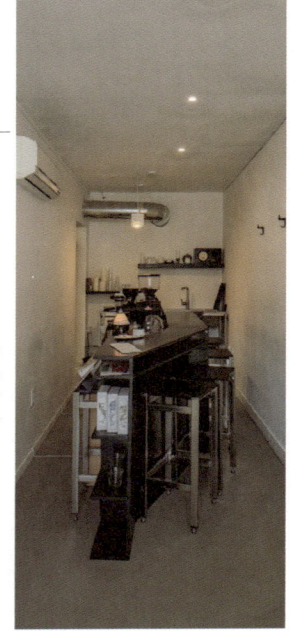

골목 사잇길, 간판 없는 카페. 작지만 패기 넘치는 전주의 신흥 커피 주자.

instagram

바이아커피스토어 10

↑ 원두 선별, 에스프레소 추출 조절, 기록과 소통의 과정을 반복하며 최적의 맛을 고민한다.

↓ 바이아 블렌드 플레이 200g. 다크초콜릿의 깊은 단맛과 밀크 베리에이션을 동시에 충족시키는 다재다능한 블렌드.

11

코스모스 에이피티

우주에서 바라본 세상의 색은, 푸름

뭔가 그렇게 매일 좋을까. 가면 매일 웃고 있던데, 전주의 호사스러운 접객을 누리려면 이곳으로 가보자. 남부시장과 인접한 코스모스는 한옥마을이나 전주천, 그리고 남부시장 동선이 있을 때 넣어주면 참 좋다. 주차는 남부시장 공영주차장을 편하고 저렴하게 이용할 수 있으니, 차 있는 분들은 참고하시라.

    여기서 주문할 때면 꼭 대화가 시작된다. 원래 어떤 걸 좋아했는지, 카페인은 괜찮은지, 시원한 거 혹은 따뜻한 거, 구석구석도 물어본다. 이곳에서 나는 따뜻한 라떼를 자주 주문한다. 찰방찰방하게 그려진 라떼아트를 조심조심 귀엽게 들고 오는데, 그의 태도가 맛까지 영향을 끼친다. 이곳의 독특한 메뉴를 맛보고 싶다면 선샤인 피치스나 플로리다 오렌지를 추천한다. 맛있는 걸 진짜 맛있다고 표현해야 할 때 단어가 조금 허접해지는데, 이곳이 딱 그렇다. 맛이 참 친절하다. (강평화)

커피 외에도 다양한 논카페인 음료를 제공한다. 히비스커스 붉은 색감이 도드라진 선샤인 피치스, 스피노자 애플트리.
↓

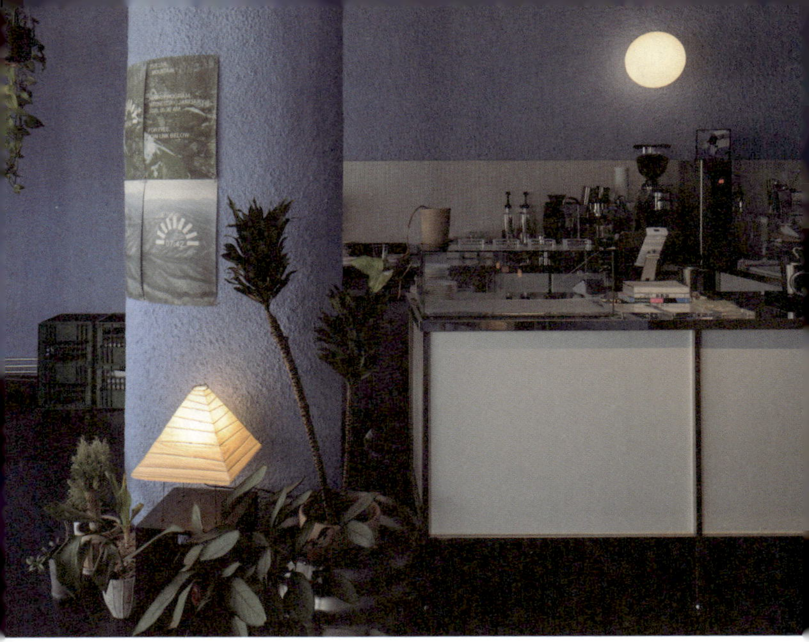

(↑) 코스모스 에이피티의 시각적 첫인상은 이국적 정서를
내뿜는 '미친' 푸른색 컬러.

(↑) 남부시장 외곽 종묘 상가 틈새에 자리하고
있다. 흰 타일과 노출 콘크리트 외벽이
조화를 이루는 입구.

코스모스 에이피티
상호는 '코스모스'와 '아파트'(apt)의 합성 조어. 가본 적 없는 우주에서 내려다본 컬러를 푸른색으로 형상화했다.

주소 전주시 완산구 팔달로 97 1층
전화 0507-1306-6195
오픈 화-일 11:00~19:00, 월요일 휴무

instagram

⊙ 비밀스러운 2층으로 가는 낮고 좁은 계단.
전주의 새로운 커피숍 문화를 실감케 하는 공간이다.

소프

다방면으로 좋아지는 변화의 맛

소프에서 나는 커피보다 논커피 베버리지 메뉴를 많이 마신다. 클래식 커피가 별로라기보다 논커피 베버리지가 너무 맛있어서. 티와 에이드의 경계에서 새콤달콤하고 향긋한 논커피 메뉴들은 전반적으로 훌륭하다. 메뉴들이 계절감에 맞춰 바뀌는 것도 있으니 들어간 재료들을 보며 취향에 맞춰 고르고 아무거나 주문해도 좋겠다. 최근 아인슈페너가 너무너무 맛있어졌다. 쫀쫀해진 크림을 뚫고 오는 커피가 참 조화로웠다.

    소프를 자주 찾는 이유는 이렇게 여러 방향으로 계속 좋아지는 걸 구경하는 맛이 있어서다. 필요한가 싶으면 뚝딱뚝딱, 어디로든 변화를 시도하는데 그 용기가 참 멋지다. 장소의 성질과 맛의 모양이 얼마나, 자주, 어떻게 바뀌는지 구경하자. 오늘을 잘 외워뒀다가 다시 온 그날 비교해보자. (강평화)

12

"편하게 오셔서 충분히 즐기다 가세요. 적당한 대화도 독서도, 작업이나 과제도 좋습니다. 오늘도 기다리고 있을게요."

(←)
상큼한 시그니처 음료 라임애플. 은은한 색감과 말린 라임 장식이 깔끔하고 청량한 매력을 더한다.

소프
3층 창밖에서 쏟아지는 햇살에 커피 한 잔, 싱그러운 식물들의 자태에 디저트 한 조각.
주소 전주시 완산구 충경로 37 3층
오픈 월·화, 목-일 12:00~20:00, 수요일 휴무

instagram

(↓)
수수한 인테리어와 자연스러운 빛이 어우러져 편안하게 머물기 좋은 분위기를 연출한다.

(→)
3층에 위치해 전망도 좋은 소프는 여유로운 음악과 준수한 커피, 디저트, 음료가 준비되어 있는 젊은 카페다.

13 카페 닉

에스프레소 한 잔, 이탈리아식 카페에서

전주 객사에 위치한 에스프레소 주력 카페. 수도권의 여느 에스프레소 바보다 퀄리티가 높은 닉의 에스프레소는 쫀쫀하다고 느껴질 정도로 진하고 초콜릿과 캐러멜향에 씁쓸하지만 고소한 맛이 매력적이다.

    추천 메뉴는 스트라바짜토와 카푸치노. 스트라바짜토는 코코아 가루가 뿌려져 더욱 진한 고소함과 질감을 즐길 수 있고 카푸치노는 주문하면 사장님이 직접 눈앞에서 에스프레소와 우유 거품을 섞어 캐러멜향이 가득한 부드러운 우유 거품을 만들어준다. 개인적으로는 카페라떼도 추천하는데 에스프레소로 진한 초콜릿과 캐러멜향을 즐길 수 있다면 라떼는 정반대로 향긋한 과실 혹은 꽃향을 부드럽게 커피와 즐길 수 있기 때문이다. 메뉴판에서 느껴지는 전문성도 닉의 특별함이다. 이제는 흔한 디카페인 메뉴는 아예 없으며 에이드 메뉴 2가지 외에 음료는 이탈리아 스타일의 에스프레소 메뉴와 미국 스타일의 커피 메뉴로만 있다. 원두에 대한 자부심과 품질 유지에 대한 고집이 멋있는 젊은 사장님은 가게에 들어설 때면 매번 친절이 가득한 눈웃음으로 맞이해준다. (고재혁)

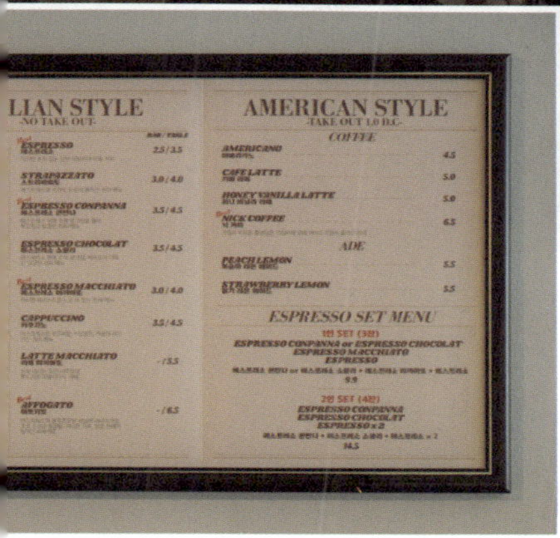

(↑) 객사 작은 골목길에 위치한 이탈리안 에스프레소 바.
테이블은 많지 않은 대신, 테이크아웃 고객이 많은 편이다.

(↓)
완성된 에스프레소는 진한 크레마가 특징. 서빙 시 함께 제공되는 설탕 패킷 또한 무세티 브랜드의 전용 제품.

instagram

ⓘ 이탈리아 원두 브랜드 무세티 전용 잔들과 에스프레소 머신이 바의 중심을 차지하고 있다. 어두운 조명은 전반적으로 아늑하고 집중도 높은 분위기를 만든다.

카페 닉

1·2인이 마실 수 있게 구성된 에스프레소 세트는
다양한 에스프레소 음료를 조화롭게 즐길 수 있는 닉만의 특별한 메뉴.

주소 전주시 완산구 전주객사3길 74-32
전화 0507-1357-4338
오픈 월-화, 목-일 12:00~20:00, 수요일 휴무

(↑)
넓은 유리창을 통해 들어오는
자연광이 만드는 분위기는 모던.
베이커리 메뉴도 다양하다.

맛있는 커피, 훌륭한 음료

묵직한 크림커피가 당길 때 가장 먼저 생각나는 곳이다. 요즘 감각적인 카페마다 대표 메뉴로 크림커피를 내놓지만, 브이엠에스 커피의 아인슈페너는 조금 더 특별하다. 우유를 베이스로 한 쫀득한 크림이 살포시 올라가 있어 한 모금 마시면 크림의 밀도감과 진한 커피가 입안에서 부드럽게 퍼지기 때문이다. 그 여운이 참 행복하다.

커피가 맛있는 곳에서 음료까지 훌륭한 경우는 생각보다 흔치 않은데, 브이엠에스 커피는 이 어려운 조합을 완벽하게 해내는 곳이기도 하다. 당근과 사과, 오렌지를 착즙한 '선라이트 주스'는 세 맛이 조화롭게 어우러져 건강하면서도 상큼한 맛을 낸다.

사실 브이엠에스 커피는 전주에서 몇 년 전부터 입소문이 난 곳이다. 시청점에 이어 최근 효자동에 2호점을 오픈하면서 인지도를 더욱 탄탄히 쌓아가고 있다. 시청점은 영화의거리와 가까운 대신 공간이 아담한 편이고, 효자점은 좀 더 널찍하지만 간혹 대기가 있다. 굳이 한 곳을 추천하라고 한다면 효자점을 권하고 싶다. 크게 창을 낸 공간이 예쁠뿐더러, 브이엠에스 커피가 위치한 골목이 요즘 전주의 새로운 카페거리로 떠오르고 있어서다. 효자동 카페 투어도 좋은 선택지가 될 거다. (나보배)

브이엠에스 커피

Vmscoffee

ⓚ
밀도 높은 텍스처의 아인슈페너(위에서 세 번째)를 비롯한 브이엠에스 커피의 주력 메뉴들. 일정한 커피맛을 유지하기 위해 바리스타들은 모든 재료와 커피를 계량하여 추출, 제조한다.

ⓛ
사과 피스타치오 마들렌(맨 아래). 사과 향이 은은한 가운데 겉은 바삭하고 속은 촉촉한 식감에 고소한 풍미 한 스푼.

instagram

→ 브이엠에스 커피는 한 손에 들고 먹을 수 있는 작은 디저트와 전문적인 커피를 제공하는 매장이다.

브이엠에스 커피
커피, 음료는 물론 다양한 마들렌과 피낭시에 등 디저트까지 만족을 주는 전주 커피의 강자.

주소 전주시 완산구 마전3길 18 1층
전화 070-7867-5243
오픈 매일 9:00~22:00

교동다원

교동다원의 대표차 황차를 주문하면 시간을 담은 듯한 작은 찻주전자에서 우려진 차를 즐길 수 있다.

전통차의 낙원이 있다면, 여기

여행을 계획하고 떠나는 이에게 가장 중요한 목적 중 하나는 새롭고 좋은 경험이다. 공간에 대한 특별한 경험 자체가 희소해져 가고 있지만, 다른 도시에 이른 것에 대한 보상으로 여전히 그만한 것도 없다. 그런 의미에서, 고즈넉한 한옥에서 차와 다과를 즐기며 안온한 시간을 보낼 수 있는 교동다원은 도시 전주의 아이덴티티를 경험하기 가장 좋은 곳 중 하나다.

직접 제다(製茶)하는 대표차 황차를 비롯해 보이차, 동정오룡, 삼림계 등 다양한 이름을 가진 차는 함께 방문한 이들과 각자 주문해 그 향을 나누고 싶고, 각색·각양·각미의 양갱과 설기, 약과 등의 디저트는 전통차에 어울리는 옛날 과자라 칭하기엔 그 모양과 만듦새가 인스타그래머블할 정도로 예쁘고 귀하다. 여행 중인 가족, 좋은 시간을 나누기 위해 방문한 이들, 그리고 차(茶) 문화를 즐기는 20~30대의 모습이 공간 안에 어우러지며 '백년가게'라는 타이틀에 걸맞은 정통성과 동시대성을 함께 느낄 수 있는 곳.
한옥마을이라는 키워드가 진부하고 뻔해 더는 새로울 것이 없다고 해도, 도시 전주에 남겨둔 시간들 중 기억나는 첫 장면이 바로 이곳에 머무른 동안일 것이라고 짐작해본다.
(황자양)

15

⊕
차와 어울리는 디저트,
쑥구름설기와 흑임자양갱.
시즌 한정 수제 양갱으로
봄을 연상시키는
벚꽃양갱도 맛볼 수 있다.

교통다원
제대로 된 다기에 정성을 다해 우린 전통차를 소박하되 격조 있는 한옥에서 즐길 수 있는 곳.

주소 전주시 완산구 은행로 65-5
전화 063-282-7133
오픈 월, 수-일 11:00~19:00, 화요일 휴무

instagram

(→)
전통찻집 교동다원으로 들어서는 길,
방문객을 맞이하는 꽃나무.

16

지유명차 전주혁신점
전국적 보이차
프랜차이즈의 전주 지점.

주소 전주시 덕진구
월방3길 24 1층
전화 063-221-2281
오픈 월-금 12:00~19:00
토 12:00~17:00, 일요일 휴무

↑ 지유명차는 전국 브랜드지만 지점마다 조금씩 다른 점이 있다. 혁신점의 특징은 높은 천장과 양명한 햇살, 다양한 찻잔과 찻주전자, 수십 개의 보이차.

instagram

지유명차 전주혁신점

아침 해부터 석양까지, 태양을 닮은 차

기지제 저수지 상류에 있는 주택 단지 사이, 시간이 끓는 찻집이 있다. 객사에서 버스와 도보로 약 40분이 걸리지만, 문을 열면 후회하지 않으리라. 은은한 꽃향이 산뜻한 이곳은 지유명차 전주혁신점. 보이차는 기본적으로 숙차와 생차가 있다. 숙차는 악퇴발효를 거쳐 숙미(熟味)가 깊고, 생차는 강강한 향미와 싱그러움이 있다. 처음 보이차를 접하는 이라면 먼저 숙차를 권하고, 이어 생차를 더한다. 차를 마시다 보면 위에서부터 시작된 온기가 배 아래로 번지는데, 이렇게 두 종류의 차를 마시면 들뜸과 차분함을 편히 맞출 수 있다.

이곳에서 마시는 차는 태양을 닮았다. 새벽에 싹트는 햇살의 맛부터 석양의 뉘엿뉘엿한 부드러움까지. 그 속에서 옛사람들의 차 마시는 마음을 알게 된다. "무리하지 말고, 자신을 잃지 않고, 차 한 잔에 영혼의 안부를 묻길."(이휘빈)

LP카페 소리

낡은 소리에서 들리는 옛 감성의 진수들

'음악다방'의 느낌을 가질 카페가 점차 없어지는 가운데 'LP카페 소리'는 여전히 현역이다. 전북대 평생교육원, 신라스테이 근처에 있는 이 카페는 드립 커피부터 쌍화탕까지, 국산 맥주부터 칵테일까지 종류를 망라한다.

가장 먼저 마셔볼 것은 이곳의 쌍화탕. 머그컵이 아닌, 돌로 만든 다기에 담아서 나오는데, 한 시간이 지나도 열기가 식지 않는다. 거기다 안에 넣은 재료들만 보면 쌍화탕이 아니라 쌍화찜이라 할 정도로 건더기가 쉬지 않고 나온다.

핸드 드립 커피는 향이 깊고 진하다. 곁들임 과자를 씹으며 옛 명곡들을 듣고 있으면, 좋은 스피커와 옛것을 소중히 여기는 사람의 마음이 맛을 더함을 알 수 있다. 메모지에 신청곡은 최대 3곡까지. 낮에는 커피와 전통차와 수다로, 밤에는 맥주와 칵테일로 잔을 채우는 이곳은 단체 손님도 홀로 온 손님도 고즈넉한 시간을 채울 수 있다.

(이휘빈)

LP카페 소리

쌍화탕, 맥주, 신청곡, 낡은 LP와 오디오 기기들...
5060세대의 취향에 호소하는 휴식 공간.

주소 전주시 완산구 현무2길 13-7 1층
전화 0507-1421-9802
오픈 월-토 10:00~23:00, 일요일 휴무

서점과 가게

'책의 도시'는 행정만으로 만들어지지 않는다. 동네서점은 시민들과 가장 가까운 자리에서 도시의 문화를 만들어간다. 저마다의 방식으로 고고히 빛을 발하는 서점들과 가게들.

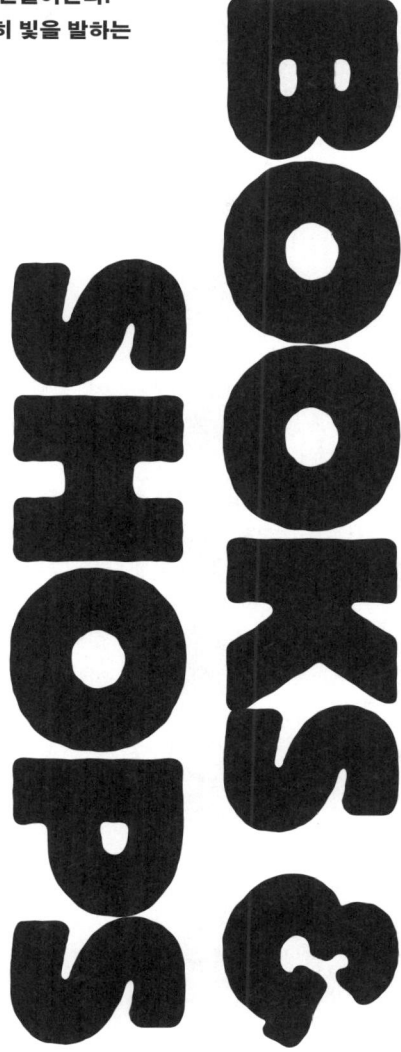

**아마도 다시 가겠지
책, 공간, 음악이 좋아서**

북눅은 서점이지만 '책 읽는 공간과 시간을 사는 곳'이라는 게 더 적확하다. 네이버 예약이 기본이긴 하지만 평일 중에는 예약 없이도 일단 문을 두드릴 수 있다. 요금 9000원을 결제하면 웨딩 임페리얼 홍차와 여주차, 작두콩차, 동국차 중에 한 개를 고를 수가 있고, 가끔은 제철 맞춤 차가 제공된다.

    1인석부터 4인석까지 준비된 자리에 앉기 전, 책을 골라보자. 문학(시집, 소설집, 에세이, 미국·일본·영국·독일 등), 공학, 인문학, 건축학, 음악학, 사회교양, 체육, 외국 도서, 전문 미술도서, 전문 잡지 등을 비치해놓았다. 책으로 된 뷔페를 마주하는 듯하다.

    북눅의 특별함 중 하나는 음악이다. 지금 이 글을 쓰느라 북눅의 스피커 앞에 앉았는데, 큰 소리에 약한 내 귀에도 북눅의 스피커는 거슬림이 전혀 없다. 일부러 가까운 좌석 쪽에 앉아서 청음했는데도 음량이 잔잔하게 들어왔다. 전주에서 책 읽는 시간을 느긋이 품고 싶다면, 북눅에서 책 속으로 침잠해보는 건 어떨까요. (이휘빈)

18

북눅 전주

(↑) 주인장이 읽었던, 읽고 싶었던 책들로 채워져 있다.
입장하면 누구나 읽을 수 있고 구매도 가능하다.

instagram

(←)
문을 열면 예상외로
탁 트인, 조도가 낮아
사색하기 좋은 공간이
나타난다. 2025년 초
개업한 새로운 서점.

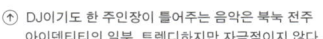
↑ DJ이기도 한 주인장이 틀어주는 음악은 북녹 전주
아이덴티티의 일부, 트렌디하지만 자극적이지 않다.

북녹 전주
책과 음악 그리고 여유를
찾는 이들을 위한 공간.
'책방'이라는 장소의
분화를 보여주는 서점.

주소 전주시 완산구
충경로 37 2층
오픈 월-화 12:00~
22:00 목-일 12:00~
22:00, 수요일 휴무

"물결서사의 매력은 꾸미지 않고 날것 그대로
 보여주는 책방이라는 점이에요. 우리 모습을
 부끄러워하지 않고 '지금 여기에서 최선을 다하는'
 태도가 우리를 만들었어요."
– 운영진

장소와 공간이 특별하다는 뜻은?

'성매매 업소는 서점이 되었다. 동네에서 가장 낯선 존재는 책이었다.' 서점 인스타그램 소개글처럼 물결서사는 좀처럼 책이 어울리지 않던 과거 성매매집결지 선미촌에 위치해 있다. 임주아 대표를 비롯한 예술가 7인은 '서노송 예술촌 프로젝트' 진행 중에 팀을 꾸려 폐·공가를 서점으로 탈바꿈시켰고, 서점이 있는 물왕멀길에는 전에 없던 낮의 활기가 생기며 사람들이 찾아들기 시작했다.

예술가가 운영하는 서점답게 주로 문학, 미술, 사진, 영화, 무용 등 다양한 예술 분야 책들이 있고, 정기적인 독서모임과 북토크를 통해 책과 함께하고픈 이들을 꾸준히 만나고 있다. 이곳을 방문한 사람들 그리고 북토크와 독서모임에 참여해본 이들은 하나같이 장소와 공간의 특별함을 말한다. 성매매집결지였던 곳에 자리한 책방이라는 아이덴티티 그리고 운영진의 눈길과 감각으로 만들어가는 책모임과 북토크에 대한 매력이 사람들의 관심을 이끄는 것이다. 서점에 방문했던 김현 시인은 이런 감상을 남겼다. "물결서사에서 일으켜진 물살, 윤슬 같은 시간이 참 아름다웠다." (황자양)

물결서사

물결서사
책방 이름은 이곳의
주소명, '물이 좋은
동네'라는 뜻의
'물왕멀'에서 따온 것.
2018년 초겨울 개업.
주소 전주시 완산구
물왕멀2길 9-6
오픈 화-토 12:00~
19:00, 일·월 휴무

instagram

→
책방 가장 깊숙한 곳,
비싸지 않아 보이는
소품들이 무심하게
놓여 있다.

←
문학, 미술, 사진,
음악 등 예술 도서를
선별하고, 여성과
젠더 이슈 등의
사회파 신간들도
입고한다.

시(詩)가 자라는 곳 얼룩말도 귀엽다

조림지

'책의 도시' 전주에는 저마다의 특징을 가진 작은 서점이 많다. 충경로변에 위치한 조림지는 '시가 자라는 책방'을 모토로 오래된 주변 상가들 사이에 우뚝 자리하고 있다. 서점에 들어서면 바로 마주하게 되는 문구 '시가 돈이 된다는 것을 보여주겠다!'는 다짐에서 공간이 갖는 힘과 위트를 어느 정도 예감할 수 있다.

조림지는 오직 시집만을 판매하는 전북 유일의 시집 전문 서점이다. 시집을 구매하거나 공간이용료 3000원을 내면 2시간 동안 여유롭게 머무르며 구매한 시집 혹은 서점지기가 비치해둔 시집을 읽을 수 있고 음료도 제공된다. 매주 토요일 오후 5시에는 자신이 좋아하는 시를 한 편 가져와 읽고 자랑할 수 있는 토요 시모임이 열린다. 다른 책들과 달리 시집은, 글이 페이지에 적힌 모습만으로도 일반 책들에서는 느낄 수 없는 정연함과 위로를 받게 되는데, 조림지 대표님의 시를 대하는 마음가짐과 따뜻함으로 인해 그 마음이 배가되어 머무는 동안의 시간을 더욱 기억하고 싶게 만들어준다.

공간에 머무르며 '시가 돈이 되는 것을 보여주겠다!' 문구가 눈에 밟혀 응원과 함께 한 권 사서 나와야겠다는 다짐도 동시에 하게 된다.

(황자양)

↑ 입구에 서서 오가는 손님을 빤히 쳐다보는 조림지의 마스코트(?) 얼룩말.

→ 다정한 분위기와 개성 있는 디테일이 어우러진다. 공간이용료 3000원을 내거나 책을 구매하면 조림지의 시설을 자유롭게 이용할 수 있다.

조림지
도심 속에서 시를 읽을 수 있는 작은 쉼터 같은 공간.
주소 전주시 완산구 중경로 30 1층
전화 0507-1353-7433
오픈 수-토 13:00~19:00, 일-화 휴무

instagram

20

용 입니다. 자유롭게 읽어보세요..!

살림책방
대전 출신 주인장이 전주에 책방을 연 때는 2017년. 몇 번의 이전을 거쳐 2024년 이곳으로 옮겼다.

주소 전주시 완산구 전라감영로 42-1 2층
전화 0507-1472-1284
오픈 월-토 10:00~22:00, 일요일 휴무

↑ 불특정 다수가 아니라 예약한 고객만 들어오라는 듯한 살림책방의 '은밀한' 입구.

21 살림책방

→ 빈티지 가구와 조명, 러그, 식물 등엔 주인장의 취향이 듬뿍 녹아 있다.

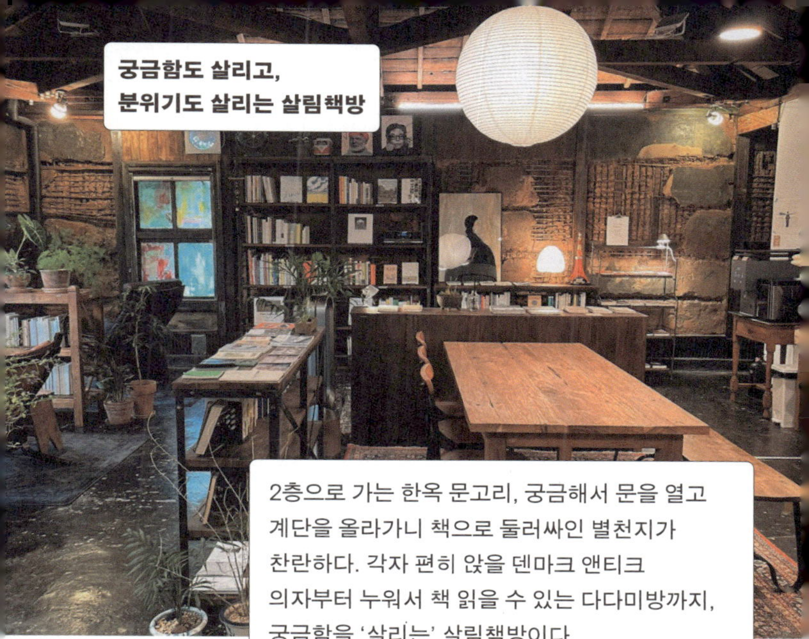

궁금함도 살리고, 분위기도 살리는 살림책방

2층으로 가는 한옥 문고리, 궁금해서 문을 열고 계단을 올라가니 책으로 둘러싸인 별천지가 찬란하다. 각자 편히 앉을 덴마크 앤티크 의자부터 누워서 책 읽을 수 있는 다다미방까지, 궁금함을 '살리는' 살림책방이다.

처음에는 하가지구, 두 번째는 한옥마을에 있던 이곳이 작년에 전라감영 앞으로 자리를 옮겼다. 예전에는 독립서점이었다면 지금은 네이버 예약제로 신청을 해야 한다. 시간은 두 시간 단위이고, 음료와 주차는 무료. 안을 둘러보니 큐레이션이 새롭게 바뀌었는데, 공간지기가 꼽은 책뿐만 아니라 특정 인물들의 큐레이션 서재가 특별함을 더한다. 책을 읽을 수 있는 공간은 책장과 화분으로 가려져 있고, 의자는 목에 기대면 착 감겨온다. 살림책방의 또 다른 매력은 저녁의 테라스. 문을 열자마자 별빛이 가득한 하늘이 보인다. 테라스에서 차를 마시며 옛 도심 사이로 달이 차오르는 것을 보며 책을 넘겨보자. (이휘빈)

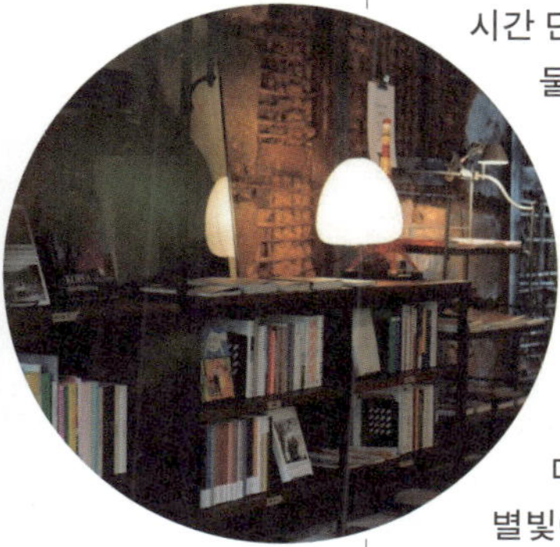

독립출판물 전문 서점의 독보적인 라인업

에이커북스토어는 전주에서 가장 오래된 독립출판 전문 서점. 올해 10년 차를 맞은 이곳은 옛 관청인 '전라감영' 바로 앞 편의점 건물에 있다. 좁은 계단을 올라 3층에 도착하면 작은 도서관을 방불케 하는 책 공간이 펼쳐진다. 기성 출판에서 미처 담아내지 못한 주제를 자유롭고 용감하게 풀어내는 독립출판물이 가득한데, 특히 에세이 종류가 많다. 입구 쪽 전면서가에는 책방지기가 추천하는 책이 큐레이션되어 있다.

이 서점의 또 다른 매력은 통창으로 한눈에 보이는 전라감영 뷰. 창 쪽에는 구매한 책을 읽을 수 있는 테이블 좌석도 마련돼 있다. 책 고르는 게 막막하다면 책방지기에게 슬쩍 추천받아보는 것도 좋다. 샤이한 주인장이 당신의 이야기를 듣고 필요한 책만 권해줄 것이다. 여행객들은 책 들고 다니기가 부담스러워 구매를 망설이는 경우가 많은데 에이커북스토어에선 마음껏 책을 사도 된다. 3000원만 더 내면 배송해주니까. (임주아)

에이커북스토어

instagram

← 에이커북스토어 이명규 대표. 10년 동안 책방을 운영하고 있고, 독립출판 북페어 전주책쾌의 공동기획자로도 활동한다.

에이커북스토어는 전라감영이 내려다보이는 건물 3층에 위치해 있다. 어둑한 실내 창 너머 보이는 전라감영의 자태.
↓

22

↓ 젊은이들의 사적 에세이와 미시 관심사에 천착하는 한국의 독립출판물은 대형 서점에서 찾아보기 힘든 특유의 정서로 독자와 만난다.

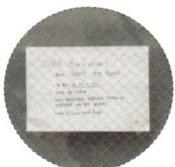

에이커북스토어
2015년 전북대 구정문 앞 골목에서 시작, 2019년 현재의 자리로 옮겨 꿋꿋이 버티고 있는 100% 독립출판물 서점.
주소 전주시 완산구 전라감영4길 1 3층
전화 0507-1321-3574
오픈 화-일 13:00~19:00, 월요일 휴무

← 단골손님이 북큐레이터가 되어
추천하는 책을 진열하는 '책큐 서가'.

잘익은언어들
" 책방지기로서
'잘 익은 언어들
다움'은 무엇일까를
고민합니다."

주소 전주시 덕진구
거북바우로 68-1 1층
전화 0507-1342-
6959
오픈 매일
13:00~18:00

위로와 공감의 전 연령 책맛집

잘 익 은 언 어 들

전주역에서 택시를 타고 10분이면 도착하는 잘익은언어들은 전주 대표 독립서점 중 하나다. 기사님들이 거기 맛집이냐며 '잘익은연어들'이라고 오해한다는 에피소드가 즐거운 이곳은 카피라이터 출신 책방지기가 운영하는 전 연령 책맛집이다.

잘익은언어들은 '위로와 공감의 책방'이라는 슬로건을 쥐고 다양한 장르의 책을 드넓게 큐레이션한다. 특히 단골손님 10여 명이 북큐레이터가 되어 추천하는 책을 진열하는 '책큐 서가'는 이곳만의 차별화된 섹션이다. 연말에는 이 책들만 모아 전시하고 판매하는 '독자전'도 연다. 한쪽에는 깨끗한 중고책을 판매하는 '흥시' 코너도 있고, 새 책 만원 코너도 있다. 서점 건너편에는 '금암도서관'도 있다. 잘익은언어들에 왔다면 함께 꼭 가봐야 할 코스다.

특유의 활달함으로 손님을 맞이하는 이지선 책방지기는 어느 날 이렇게 썼다. "그저 내가 할 일은 베스트셀러가 아닌 동네책방에 어울리는 좋은 책들을 열심히 선별하고, 한 사람 한 사람에게 다정함을 베푸는 일이다." (임주아)

instagram

↓
2017년 10월 '위로와 공감의 책방'을 콘셉트로 송천동에서 시작, 현재 인후동에 자리한 서점의 위용!

책방 토닥토닥

instagram

연결의 힘을 믿는 책방

전주 남부시장 청년몰에는 오래된 명소가 있다. 바로 책방 토닥토닥이다. 세상에 목소리 내기를 주저하지 않는 김선경·문주현 부부가 2017년 문을 열었다. 책방은 짱짱한 큐레이션으로도 유명하다. 역사, 인권, 지역, 페미니즘, 환경 등 세상의 모든 뾰족한 이슈가 책장에 빼곡히 모여 있다. 포스트잇에 적힌 추천글 보는 재미도 쏠쏠하다. 저자 서명본도 많다.

특히 이곳을 찾는 손님들이 열광하는 순간은 책방 마스코트 '도리'가 책방에 있을 때다. 방석을 깔고 새초롬하게 앉아 있는 고양이 도리의 모습은 책방지기가 따로 없다.

(↓) 파란 문 앞에 앉아 참선하는 고양이. 책방 토닥토닥은 사람과 동물, 책이 공존하는 가게다

책방 입구엔 청년몰에 사는 고양이들 이름이 하나하나 소개되어 있고 밥그릇도 따로따로 놓여 있다. 이처럼 고양이에 진심인 책방 토닥토닥은 당연히 동물권에도 관심이 많다. 최근에는 단골 친구들이 추천하는 21세기 최고의 책을 투표해 선정하기도 했다. 『전쟁은 여자의 얼굴을 하지 않았다』, 『아! 팔레스타인』 등이 꼽혔다. 전통시장 안에 독립서점이 있다는 건 뜻밖의 행운이자 위로다. (임주아)

책방 토닥토닥
"책방 토닥토닥은 '연결'과 '상징'의 힘을 믿어요. 손님과의 유대감과 오고 가는 마음, 대화를 통해 책방이 성장한다고 생각해요." – 주인장

주소 전주시 완산구 풍남문2길 53 남부시장 2층 청년몰
전화 0507-1342-3938
오픈 화-일 12:00~20:00, 월요일 휴무

ⓘ 뚝심의 책방지기 김선경, 문주현님. 책에 대한 애정, 세상과 사람에 대한 관심이 공간의 분위기를 만들어낸다.

ⓘ 추천 메모가 아름답게 붙어 있는 책장. 독서가는 물론, 새로운 이야기를 찾는 이들이 흑할 만한 공간이다.

↑ 도서관 같은 적막감과 녹음의 풍경이 어우러진 책 공간.
통창 너머로 비치는 나무들이 책장 사이를 산책하듯 지나간다.

25

넘치지 않는 아름다움을 간직한 곳

효자동에 자리한 청동북카페는 '넘치지 않는 아름다움'을 간직한 곳이다. 단순한 북카페라 하기엔 곳곳에서 책에 대한 주인장의 애정이 묻어난다. 서가마다 빼곡히 꽂힌 책들 옆으로 정성스레 손글씨로 써 내려간 책 소개 메모가 붙어 있어 마치 속삭이듯 책을 권하는 듯하다. 신간도 빠짐없이 챙기고 때로는 한 작가를 선정해 그의 책을 큐레이션해두기도 한다.

책이 그리 많지는 않다. 동화책부터 성인을 위한 그림책, 과학과 음악 등 다양한 분야의 책을 판매하지만 한 권씩만 구비해둔 탓에 원하던 책을 찾지 못해 발걸음을 돌리게 될지도 모른다. 하지만 적당한 크기의 공간에서 적당한 책들을 만나고 한적한 오후 맛있는 커피와 함께 책장을 넘기는 여유를 누릴 수 있는 곳. 이 넘치지 않는 적당함이야말로 청동북카페만의 매력이다.

야외 테라스도 청동북카페의 특별함 중 하나다. 테라스에는 쭉 뻗은 대나무가 심겨 있어 따스한 햇살을 받으며 조용히 머물기에 더없이 좋은 자리다. 서점에서 빼놓을 수 없는 문구류도 판매 중인데, 이곳에도 하나하나 정성스러운 메모가 붙어 있어 읽다 보면 시간 가는 줄 모를 것이다. (나보배)

청동북카페

instagram

→ 책 메모를 갖춘 서점은 많지만, 이 정도 정성이 담긴 코멘트 메모는 드물다. 일러스트 실루엣은 카페 간판에 설치된 '책 읽는 소녀'의 변주.

(↑) 대나무가 울타리를 이룬 테라스 공간.
복잡다단한 세상과 동떨어진 평화와 안식의 자리.

청동북카페
책과 자연, 휴식이
자연스럽게 연결되는
이곳은 사색에 잠기기
좋은 장소.

주소 전주시 완산구
세내로 504-7 1층
전화 0507-1431-0087
오픈 월-금 10:00~
21:00(동지 20:00
마감) 토-일 12:00~18:00

instagram

ⓘ 크게 보아 지리적, 문화적, 일상적 공간으로서
도시를 바라보는 책을 소개한다.

프롬투
프롬투에서 당신은
우리가 사는 도시와
공간을 새로운
시각으로 바라보는
연습을 할 수 있다.

주소 전주시 완산구
전라감영4길 13 1층
전화 0502-5551-2368
오픈 수-일 12:00~
19:00, 월-화 휴무

지리(地理)와 장소의 의미를 찾아서

26

전주에 지도를 만드는 서점이 있다. 프롬투는 전주로 접속할 만한 여러 관점을 지도로 만든다. 벽 하나를 가득 채운 지도는 누구나 참여할 수 있는 메모로 가득했는데, 하나하나 접속할 수 있는 장소에 대한 관심이 자세하게 적혀 있다. 그걸 매번 소개하고 유지하는 걸 보면 분명 프롬투만의 전주 사랑 방식이 있다고 믿는다.

지도 콘텐츠 제작과 유통을 아이덴티티로 하는 프롬투는 한국의 독립서점 중 가장 독특하고 예리한 큐레이션을 장착한 일종의 인포숍이다. 도시미학, 지도와 지리, 기후, 언어, 커뮤니티 등 사람 사는 골목과 이야기를 다룬다. 프롬투가 만든 지도 하나 집어 들고 어디로든 접속해보자. 정해진 형식 밖에서 자기만의 방법으로 생존하는 프롬투 같은 서점이야말로 전주를 빛내는 보석 같은 곳이다. (강평화)

프롬투

← 방문객과 함께 만들어 가는 대형 지도. 우리 경험과 기억을 기반으로 장소의 의미를 새롭게 하자는 '미학적 지도' 실천.

공간이 주는 편안한 침대

전주 고물자 골목은 아늑하고 비밀스러운 느낌이 든다. 이 작은 골목에는 자수집도 있고 문구점도 있고 전통과자점도 있다. 올리브그린색의 출입문이 상징적인 책방 일요일의 침대는 한국 문학과 에세이를 중심으로 큐레이션된 서점. 공간이 쾌적하고 편안해서 가까운 남부시장에서 장을 보고 커피 한 잔을 가볍게 하고서 집으로 그냥 가기 아쉬워 여기저기를 헤매다 이곳에 와서 읽고 싶던 김화진 작가의 『개구리가 되고 싶어』 책을 한 권 구매해 책을 읽을 수 있는 공간에 앉거나 서서 한참을 읽고 간다. 공간이 주는 편안한 침대는 일요일의 침대가 아닐까 한다.
(오힘)

일요일의 침대

"서점 이름처럼 주말 침대의 포근함 속에서 읽어볼 만한 책들을 큐레이션하는 책방이에요. 그래서 에세이, 한국 문학 계열이 많습니다."
– 주인장

27

도서 주문 가능

작은 공간의 한계와 책방지기의 치우친 취향 탓에 찾으시는 책이 없을 수 있어요. 원하시는 책은 주문 및 예약 가능하니 편하게 말씀해 주세요.

(↑) 이제 막 개업한 '신상' 서점에 축하 화환이 도착했다. 건투를 빈다.

(→) 일요일의 침대는 독서뿐 아니라 작은 여유와 위로가 필요한 이들에게 안락한 쉼터가 되어주고 싶어 한다.

일요일의 침대
이름만으로도 편안함을 떠올리게 하는 이 책방은 일상의 여유를 찾고 싶은 이들에게 아늑한 휴식을 제안한다.

instagram

주소 전주시 완산구 풍남문4길 15-13
전화 0507-1490-7896
오픈 매일 11:00~19:00

> 금으로 된 가지와
> 옥으로 된 잎,
> 귀한 영화와 물건이 있다는 뜻

2000년 출범한 전주국제영화제. 해마다 4월 말에서 5월 초가 되면 축제의 장으로 물드는 도시에는 많은 사람들의 이야기와 아름다운 순간이 깃든다. 그리고 영화의거리 인근에는 영화제와 가장 어울리는 공간 금지옥엽 무명씨네가 있다.

고전 영화에서부터 최신작까지 다양한 영화 콘텐츠를 취급하는 금지옥엽 무명씨네에서 방문객은 구석구석 고밀도로 진열된 영화책, 포스터와 OST 바이닐 등의 영화 관련 상품을 구경하고 구입할 수 있다. 영화를 보기 전에는 예고편이나 기사 등을 통해 그 기대감을 높일 수 있지만 보고 난 후의 마음과 감상을 어떻게 정리할지 고민할 때가 많은데, 이곳 금지옥엽 무명씨네에서 만나는 다양한 콘텐츠와 공간이 주는 분위기는 그 아쉬움을 충분히 상쇄할 만한 힘을 갖고 있다. 커뮤니티 시네마 무명씨네가 운영하는 이 공간에서는 소규모 영화상영회와 모임도 진행되니 좀 더 적극적인 형태의 참여를 원한다면 함께해도 좋을 듯하다. (황자양)

가게가 위치한 2층으로 올라가는 계단은 영화의 세계로 가는 비밀 통로처럼 꾸며져 방문객들을 설레게 한다.

instagram

금지옥엽 X 무명씨네

금지옥엽X무명씨네
영화 애호가를 위한 공간, 영화 콘텐츠가 가득한 가게.

주소 전주시 완산구 전주객사3길 96 2층
오픈 화~일 13:00~19:00, 월요일 휴무

↓
밀폐된 좁은 공간에 포스터, 영서, 책, OST 바이닐 등 수많은 영화 상품이 들어차 있다. 어수선하지만 감성적인 1990년대 홍콩영화의 정서가 묻어 있는 공간.

28

① 모든 오브제가 섬세하게 배치되어 있는 '작가의 취향'은 전주에서 가장 내성적인 가게일지 모른다.

29 작가의 취향

취향을 공유해드립니다

세로로 길고 동그랗게 뜬 눈, 여유를 머금은 미소, 그리고 섬세한 선으로 그려낸 전주의 풍경. 박성민 작가는 전주의 모습을 따뜻한 시선으로 담아내는 일러스트레이터다. 작가의 그림을 한번 눈에 익히고 나면 우연히 들어간 카페나 도서관에서 종종 그의 작품을 마주칠 때도 있다.

전주의 중심에 자리한 '작가의 취향'은 박성민 작가의 작업실이자 그가 아끼는 것들로 가득한 공간이다. 2018년부터 전주 한옥마을 청년몰에서 작업실을 운영하다가 2년 전 지금의 자리로 옮겨왔다. "로컬 작가라면 관광객뿐만 아니라 지역민들에게도 인정받아야 한다"는 생각 때문이었다. 이 공간에는 커피와 책, 그림 등 작가가 좋아하는 것들이 자연스럽게 어우러져 있다. 조용히 책을 읽거나 뜨개질 등 작업을 하기 좋고 작가의 그림을 가까이에서 감상하고 가볍게 구매할 수도 있다. 어릴 적 한 번쯤 지나쳤을 법한 풍경이 그림 속에서 새로운 기억을 불러일으키기도 한다.

직접 방문하기 어렵다면 작가의 인스타그램이나 네이버 블로그를 찾아보는 것도 추천한다. 매달 스마트폰 배경 화면으로 딱 맞는 그림을 무료로 나누고 있어서다. 전주의 감성을 담은 그림 한 장으로, 내 손안에서 작은 여행을 떠나보는 것은 어떨지. (나보배)

↑ 한쪽 벽면을 채운 세밀화풍 드로잉.
전주 골목길, 실존하는 상가와 주택 등
정겹고 따뜻한 정서의 작품들.

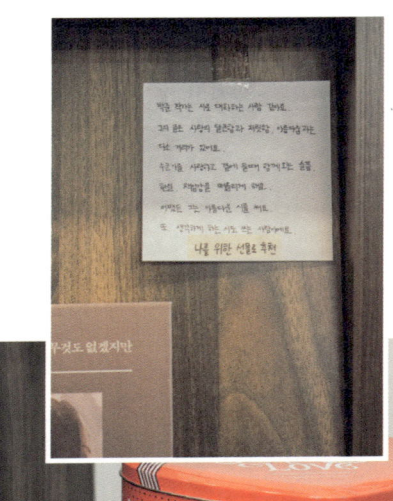

작가의 취향

"책과 그림, 짙고 은은한 커피향 가득한 취향을 공유해 드릴게요."

주소 전주시 완산구 홍산남로 45-28
오픈 화·목·금 13:00~18:00 토 13:00~19:00, 월·수·일 휴무

instagram

도심 천변, 호수, 공원, 구릉은 자연이 선사한 휴식처. 로컬리티를 진하게 품은 가로는 도시 문화가 만들어낸 풍경. 둘 다 작정하고, 거듭 걸어볼 만한 가치가 있는 장소들이다.

WALKING

전주의 산책路

덕진공원

전주의 숨결이 깃든 호수

덕진공원은 고즈넉한 아름다움과 생동하는 자연이 공존하는 곳이다. 전주에 이곳은 단순한 공원이 아니다. 천 년의 세월을 머금은 전주를 대표하는 명소로, 전주를 찾는 이들에게 깊은 인상을 남긴다.

덕진공원의 가장 큰 자랑거리는 연못이다. 넓고 평온한 물결 위로 여름이면 연꽃이 만개해 장관을 만들어낸다. 초록빛 이파리 사이로 선연한 꽃잎이 수면 위를 수놓는 시기엔, 한 폭의 동양화 같은 풍광을 연출한다. 연못 한가운데 위치한 '연화정도서관'은 전국의 도서관 중에서도 이색적인 공간으로 손꼽힌다.

덕진공원은 지역 주민들의 쉼터이자, 다양한 문화 행사가 펼쳐지는 공간으로도 사랑받고 있다. 운동을 즐기는 사람들, 그림을 그리는 이들, 풍경을 사진으로 담는 관광객들이 어우러져 공원은 언제나 활기가 넘친다. 여유롭게 걸으며 연못에 비친 하늘을 바라보고, 꽃과 나무가 들려주는 이야기에 귀 기울이다 보면, 전주의 정취가 손에 잡힐 듯 느껴질 것이다. (김미진)

↗
전북대 인근에 위치한 유서 깊은 덕진공원은
연못을 가득 채우는 연꽃과 한옥 도서관
연화정도서관으로 유명하다.
전주시 홍보 사진 속 '그림 같은' 덕진공원.

instagram

덕진공원
주소 전주시 덕진구 권삼득로 390-1
전화 063-281-8661
오픈 24시간

도심 속 즐거운 걷기

한옥마을 혹은 남부시장 쪽에서 경계를 넘어 원도심
쪽으로 넘어오면 경원동우체국과 가족회관이 위치한
사거리에 이른다. 왼쪽에는 멀리 풍남문이 보이고,
오른쪽으로 고개를 돌리면 객사 걷고싶은거리가 눈에
들어오는 이곳에서부터 산책은 시작된다.
걸음을 시작하면 오래된 시계점들을 먼저 마주하게
되는데 간혹 무리지어 다니는 여행객과 가이드의 설명을
엿듣는 재미도 있고, 웨딩 관련 가게들을 지나며 이곳
거리의 이름이 '웨딩거리'인 이유도 생각해본다.
오래된 시계점 금성당과 새로운
공간으로 그 계보를 잇는
금성문고, 노포 중국집 진미반점을
지나면 최근 몇 년 사이 새롭게
생겨난 F&B 업종 가게들을 만날 수 있다.

　골목의 터줏대감과도 같은 술집 꽃과
다가여행자도서관을 만나면 차이나거리에
이르게 되는데, 거리 곳곳에는 공방과 전시
공간이 있어 구경하는 재미가 쏠쏠하다.
차이나거리를 슬쩍 둘러보고 전라감영까지
걷는다. 전라감영이 보이는 사거리에 이르면 건물 3층의
에이커북스토어에서 독립출판물들을 구경하고 나와
전라감영을 관람하며 잠시 쉬어간다. 운이 좋으면
전라감영에서 하는 행사에 참여해볼 수도 있다. 산책을
마치면 기다리고 있는 근처의 맛집과 좋은 공간들이
많으니 그냥 지나치지 말 것. (황자양)

차이나 거리 전라감영

'웨리단길'로 불리는 웨딩거리를 출발해 차이나거리, 전라감영에 이르는 길은 전주에서 가장 트렌디한 음식점, 술집, 가게들이 노포들 사이에 자리한 전주를 대표하는 상업지구 중 하나다.

웨딩거리-차이나거리-전라감영

주소 전주시 전라감영2~4길 일원
오픈 24시간

→
남천교에서 전주향교로 가는 길. 명품 산책로다운 아름답고 고즈넉한 풍광을 가졌다. 남천교를 통과하는 천변의 정취도 전주의 자랑.

어린 시절 무너질 듯 위태롭기만 했던 전주천 남천교는 어느덧 청연루와 함께 전주 한옥마을의 랜드마크가 됐다. 단아한 자태의 팔작지붕은 잔잔히 흐르는 물길, 하늘하늘한 버드나무, 억새와 어우러져 사시사철 다른 감상을 자아낸다. 제법 널찍한 대청마루는 훌륭한 놀이터이자 쉼터, 때론 소공연장으로 사람들의 발길을 붙잡는다.

청연루 지나 펼쳐지는 와자지껄한 한옥마을이 익숙할 것이다. 그렇다면 정면의 내리막길 대신 오른쪽으로 돌아보자. 귓가를 간질이는 물소리를 따라 천변을 걷다 보면 금세 왼편에 진한 정취의 전통식 건물이 나타나는데, 바로 전주향교다. 조선 초기에 경기전 인근에 조성됐다가 임진왜란 이후 지금 자리로 옮겼다고 한다. 그 오랜 세월을 함께했을, 400년 넘은 은행나무들은 지금도 매년 가을마다 주변을 온통 노랗게 물들인다.

32

관광지가 된 한옥마을이지만, 전주동헌을 비롯한 이 주변은 고즈넉한 옛 맛을 고집스레 지키고 있는 명품 산책로다. 여건이 된다면 평일 이른 새벽이나 아침, 해 질 녘에 걸어보길 바란다. 주말에는 사람이 꽤 많고, 이 일대가 '차 없는 거리'로 운영돼 걸어 다니는 수고를 더 들여야 한다. (김달아)

청연루

향교

남천교 위 청연루 전경. 한옥마을의 랜드마크를 넘어 전주의 아이덴티티를 상징하는 풍경으로 인식된다.

청연루-향교
주소 전주시 완산구 동서학동 940-2
오픈 24시간

전주의 중심을 지켜온 역사 공간

전주에 처음 방문한 여행자라면 경기전을 산책 코스로 꼭 추천하고 싶다. 1410년에 지어져 지금까지 오랜 세월 동안 전주의 중심을 지켜온 곳, 담장을 지나 안으로 들어서면 조용한 돌길과 단정한 기와지붕이 어우러져 차분한 분위기를 만들어주는 곳이다. 길을 따라 걷다 보면 정전과 부속 건물들이 자연스럽게 이어지고, 중간중간 놓인 벤치에 앉아 잠시 머물기에도 좋다.

경기전은 단순한 전통 건물이 아니라 전주가 간직해온 중요한 역사 공간이다. 정전에는 태조의 어진이 모셔져 있고, 옆의 어진박물관에서는 조선시대 어진 제작 방식과 복식, 의례를 살펴볼 수 있다. 조선왕조실록을 보관하던 전주사고 자리에는 전시관이 조성되어 관련 유물과 영상을 감상할 수 있다. 임진왜란 때 이곳의 실록이 온전히 보존되었다는 사실은 조선 역사에서 이 공간이 가진 상징성을 더욱 깊게 만들어준다.

계절마다 다른 풍경을 보여주는 정원의 나무들, 오래된 담장과 돌길, 정갈한 기와지붕이 시선을 사로잡는다. 경기전에서 나와 풍남문과 전동성당, 한옥마을로 이어지는 산책 코스는 전주의 옛 정취를 느끼기에 더없이 좋다. 풍남문, 전동성당 등과 자연스럽게 이어지는 산책 동선도 매끄럽다. (임주아)

←
경내에 있는 왕 초상화 특화 박물관 어진박물관으로 가는 길. 녹음이 우거진 오솔길로 인기 있는 촬영 스폿.

← 전주시 제공 관광 사진 속 경기전.
입장료를 받는 시설이어서 관리 수준이 높다.

↑ 어진박물관 태조(이성계)의 초상.

경기전
주소 전주시 완산구 태조로 44
전화 063-281-2788
오픈 매일 9:00~18:00

천혜의 절경을 맛볼 수 있는 전망 포인트 한벽당. 터널 한벽굴 옆에 있다.

자전거 타고 동네 한 바퀴

자연생태관대여소에서 자전거를 대여한다. 4, 5, 9, 10월은 오전 9시부터 오후 6시까지 대여가 가능하고 하절기 6월에서 8월까지는 오전 9시부터 오후 7시까지이며 동절기는 3, 11, 12월은 오전 10시부터 오후 5시까지 이용할 수 있다. 매주 월요일과 명절은 휴무, 대여료는 1회 1000원. 휴대폰으로 본인 인증만 하면 된다.

전주자연생태관에서부터 원색명화마을까지는 길이 어렵지 않다. 도로가 곱고 숲길도 나오고 차도 그리 많이 다니지 않아 기분이 좋아진다. 사실 이 길은 걸어서도 좋지만 자전거를 타고 가면 그 바람을 가로지르는 기분이 참 좋다. 색장동 마을로 들어서면 번잡하던 한옥마을과는 다르게 깊숙한 시골마을에 들어온 기분이 들어 매우 낯설고 이상하다. 하지만 멀리 보이는 산과 곳곳의 벼농사로 푸르름이 넘친다. 원색명화마을 농가에서 운영하는 식당 겸 카페가 있는데 이곳에서 아이스아메리카노 한 잔 마시며 송골송골 맺힌 땀을 식히고… 자전거를 타고 돌아간다. (오힘)

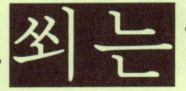

바람 쐬는 길

34

(↑)
전주 천변을 끼고 길게 이어지는 바람 쐬는 길. 전주에서 가장 걷기 좋은 길 중 하나다.

(←)
커다란 가로수가 늘어선 산책로는 걷기에 전혀 무리가 없다. 한옥마을 인근으로 접근성도 좋다. 일제강점기에 건축된 전라선 터널 한벽굴이 보인다.

바람 쐬는 길
주소 전주시 완산구 바람쐬는길 일원
전화 063-282-1330(한옥마을 관광안내소)
오픈 24시간

건지산 둘레길

숲과 호수를 한 번에 경험할 수 있는 코스,
전주 시민이 사랑하는 걷기 좋은 길.

우리에게 항상 친절한 건지산

연화마을 지나 건지산으로 시작해도 좋고, 송천동 끝자락 뚫고 가도 좋고, 동물원 옆길로 시작해도 좋다. 대충의 방향 감각으로 멈추지만 않으면 된다. 그중 하나의 길을 추천하자면, 연화마을 초입에 있는 무료 주차장에 주차하고 오르는 건지산이다. 터덜터덜 길 따라 걸어 올라가는 길이 언제 가도 참 좋다. 적당하게 가파르고, 적당할 때 의자 있고, 적당할 때 이정표 있다. 갈림길에서 왼쪽인지 오른쪽인지 몰라도 된다. 막힌 길이면 돌아가면 되고, 막히지 않았으면 잘 가고 있는 거다. 건지산은 우리에게 항상 친절하다.

동산에 가까운 산맥을 타고 20분 정도 걸었을까, 오송제다. 호수 보고 앉을 수 있는 의자에서 한숨 쉬고 몇 바퀴 돌아보자. 호수는 고요하고 적당히 그늘졌다. 네모반듯하게 뚫려 있는 벽에는 '이곳에 필기구를 놓고 관찰하거나 기록하여주세요'라고 적혀 있다. 그 길 따라 반대로 나가면 동물원과 소리문화의전당, 그리고 다시 아까 그 주차장으로 이어진다. 자그만 호수 하나로 가는 여러 갈래의 길이 많은 걸 알려준다. (강평화)

건지산둘레길
오픈 24시간

지역의 안녕을 바라는 마음을 담은 공원

세병공원은 전주 에코시티에 있는 친환경 호수공원이다. 에코시티는 과거 송천동 일원 도심지에 위치해온 군부대(35사단)가 임실로 가고, 이전 부지를 포함한 호성동, 송천동, 전미동 일원에 친환경 신도시로 개발한 곳이다.

세병공원의 이름은 '세병호'에서 왔다. 세병호는 1990년대 35사단에서 사단 내 빗물이 고이는 장소에 석축을 박아 인위적으로 조성한 호수인데, 당시 사단 내 공모를 거쳐 명칭을 정하게 되었다고. 지역의 안녕을 바라는 마음이 담긴 이름이다.

세병공원은 이 세병호를 중심으로 펼쳐져 있다. 누구나 걷기에 참 좋은 힐링포레스트와 워터서클데크가 있고, 야외무대와 중앙잔디광장, 가족피크닉장, 다목적운동공간 등이 조성되어 있다. 신도시 내에 조성된 공원은 고층아파트 뷰도 함께 조망되어 도심 속 숲속 명소로 거듭나고 있다 여느 관광지처럼 화려하진 않지만, 전주의 고요한 품속에 자리하고 있다는 점이 이곳의 진정한 매력이다. 전주를 찾았다면, 세병공원에서 한 걸음 천천히 걸어보길 권한다. 도심 속에서 잊고 지낸 평온함이 벅차게 밀려올 테니까. (김미진)

군부대가 떠난 자리에 조성한 친환경 호수공원. (↑)

세병공원 36

세병공원
주소 전주시 덕진구 송천동2가 1316
오픈 24시간

← 혁신도시가 있는 덕진구
혁신동과 만성동에 걸쳐 있는
호수에 조성된 공원.

기지제 수변공원

물빛과 하늘빛이 맞닿은 곳

전주 도심에서 가볍게 걷기 좋은 산책 코스.
시작은 수변공원 인근 작은 뒷길에서부터다.
나무 계단을 따라 내려서면 곧바로 산책로가
이어지고, 초입부터 잔잔한 물결과 시원한 바람이
걷는 발걸음을 느긋하게 만들어준다. 산책길은
호수를 따라 둥글게 이어져 어느 방향으로든
출발점으로 되돌아올 수 있다.

길을 따라 걷다 보면 물빛과 하늘빛이
맞닿은 순간들이 종종 눈에 들어온다.
바람에 흔들리는 나뭇잎 소리와 발밑의
자갈길 감촉이 산책을 더 감각적으로
만든다. 평일 낮에는 조용하고, 주말에는
가족 단위 방문객이 많아 산책로가 조금 더
활기를 띤다. 간단한 운동을 하거나 산책만
하려는 이들에게는 부담 없는 코스다.
해가 질 무렵이면 물 위로 퍼지는 노을이
산책의 마지막 장면을 더욱 인상 깊게 만든다.
도심 속에서 잠시 벗어나고 싶을 때,
복잡하지 않게 한 바퀴 그을 수 있는 곳,
바로 기지제다. (임주아)

기지제수변공원
주소 전주시 덕진구 장동 1094
오픈 24시간

완산 칠봉 꽃동산

오솔길에 핀 꽃들

완산도서관 뒷길로
접어들면 산책이 시작된다. 사람 손길이 적당히 닿은
오솔길이 길게 이어지고, 주변엔 담벼락 아래 작은 꽃들이
계절을 알려준다. 완산칠봉으로 오르는 여러 갈래 중 가장
부드러운 진입로다. 가볍게 걷다 보면 나무 계단이 나오고,
곧 고요한 언덕 위에 자리한 녹두관이 모습을 드러낸다.
녹두관은 전봉준을 기리는 전시 공간으로, 잠시 들러
쉬어가기 좋은 지점이다. 내부 전시를 둘러보거나 바깥
벤치에 앉아 숨을 고르다 보면 바람이 다르게 느껴진다.

    녹두관 뒤쪽으로 난 오솔길을 따라가면 본격적인 꽃동산
산책이 시작된다. 언덕을 따라 완만하게 이어지는 길은
양옆으로 철쭉과 야생화, 키 작은 나무들이 풍경을 만든다.
산책길은 순환형으로 돌아
나올 수 있어 가볍게 한 바퀴
걷기에 적당하다. 곳곳에
놓인 벤치와 데크는 머물기
좋고, 길을 따라 걷는 동안
풍경이 계속 바뀌어 지루할
틈이 없다. 경사가 크지

않아 운동화만 신으면 누구나 편하게 걸을 수 있다.
도심 한가운데에서 자연과 고요를
동시에 느낄 수 있는 길. 책을
읽은 뒤 걷기에도, 생각을 정리하기에도
좋은 코스다. (임주아)

(↑) 도심 속, 조용하고 한적한 산책로. 완산도서관에서 이어진 진입 계단을 오르면 완만한 산길이 나온다.

완산칠봉꽃동산
주소 전주시 완산구 동완산동 산124-1
오픈 24시간

문화 공간

충분히 많지 않아서, 더 소중하게 느껴지는 곳들. 전주 예술의 근거지라 할 수 있는 미술관, 연극 무대, 공연장, 예술영화관은 문화 도시 전주의 보루를 지키는 전선이나 다름없다.

⊖ 본관 갤러리에서 열리는 미술 기획전은 전주 아트 신(scene)의 버팀목 구실을 한다.

39

⊙ 이팝나무홀에서 열리는 전주국제영화제 특별전시 '100 FILMS 100 POSTERS'는 전국적 지명도의 포스터 디자인 페스티벌.

팔복예술공장

전주 예술의 전진기지, 재충전을 위한 장소

전주 사람들에게 팔복동은 공장지대로 인식돼왔다. 1969년 전라북도 최초로 산업단지가 조성된 이후 지역의 경제 발전을 이끌어온 곳이기도 하다. 하지만 수십 년이 흐르면서 상황이 달라졌다. 시설은 낙후됐고 공장이 하나둘 문을 닫으면서 생기를 잃어갔다. 그렇게 별다른 존재감 없이 잊혀가던 이곳이 몇 년 전부터 주목받기 시작했다. 그 변화를 이끈 중심에 팔복예술공장이 있다. 카세트테이프를 만들다 멈춰 선 폐공장을 전주시가 복합문화공간으로 재탄생시킨 이곳은 대도시보다 문화 시설이 부족한 전주에서 단비 같은 구실을 하고 있다. 미술 작품 전시장부터 아이들을 위한 도서관과 예술놀이터, 예술가 창작 공간 지원 등 전주의 문화력을 키우는 전주의 예술 전진기지가 바로 팔복예술공장이다.

화창한 날 공장 주변은 꽤 괜찮은 산책 코스이기도 하다. 세월의 흔적이 남아 있는 건물 외벽부터 바닥까지 감각적으로 꾸며져 있고, 포토존도 여러 곳이다. 특히 4월 말부터 5월 초에는 인근 철길에 팝콘 같은 이팝나무가 만개하니, 이때라면 일부러 시간 내서 찾아가보길. 어디서도 쉽게 볼 수 없는, 동화 속에 들어와 있는 듯한 기분을 만끽할 수 있을 테니. (김달아)

1990년대 초까지 카세트테이프 등을 만들던 공장을 문화예술 공간으로 탈바꿈시킨 장소. 폐공장을 리모델링한 도시 재생의 모범사례로 언급된다.

⊙ 전주국제영화제가 열리는 시즌인 5월 초에 만개하는 이팝나무. 이 또한 팔복예술공장에 와야 하는 이유가 된다.

instagram

팔복예술공장
폐공장의 변신은 적절했다. 이곳은 이제 예술 공간이자 어린이들의 놀이터, 시민의 휴식처로 사랑받고 있다.
주소 전주시 덕진구 구렛들1길 46
전화 063-211-0288
오픈 화-일 10:00~17:30, 월요일 휴관

> 천변 담쟁이 집의 사명은,
> 지역에 예술의 숨을 불어넣는 것

40

우진문화공간은 1990년대 초부터 지역 예술인들의 창작 무대로 자리 잡은 갤러리와 공연장이 어우러진 예술 공간이다. 외관은 단정한 콘크리트 건물로 주변 환경과 잘 어우러지며 내부는 예술적인 요소와 현대적인 감각이 조화를 이룬다. 이곳은 단순히 예술 작품을 전시하는 공간을 넘어 전주 시민들과 방문객들에게 문화적 영감을 주는 장으로 거듭났다.

최근 1층 담쟁이 카페에 디저트 브랜드 '아이엠 티라미수'가 입점했다. 진한 생크림 티라미수와 커피 한 잔을 손에 들고 마당으로 나가면 아늑한 공간에서 잠시 쉬어가기 좋다. 이곳의 또 다른 매력은 바로 고양이 '복순이'다. 많은 관람객들이 전시 관람 후 복순이와 인사를 나누기 위해 이곳을 찾는다.

우진문화공간은 전주 한적한 동네 안쪽에 자리하고 있어, 도심의 복잡함에서 벗어나 여유로운 시간을 보내기에 최적의 장소다. 예술과 휴식이 자연스럽게 어우러지는 이곳은 창작의 영감을 주는 장소로, 예술가뿐만 아니라 일반 관람객에게도 특별한 시간을 선사한다. (임주아)

우진문화공간

→ 녹색 덩굴로 뒤덮인 기하학적 콘크리트 구조물, 1990년대 모더니즘의 면모를 풍기는 우진문화공간.

← 건물 안, 뜻밖의 정원 공간이 나타난다. 그리 좁지도, 너무 넓지도 않은 적당한 규모를 가졌다.

우진문화공간
도심에서 비교적 가깝지만 적요한 동네에 내려앉은
'콘크리트 유토피아'.

주소 전주시 덕진구 전주천동로 376
전화 063-272-7223
오픈 화-일 10:00~22:00, 월요일 휴무

instagram

← 담쟁이 카페에 '아이엠 티라미수'가 입점, 전주의 디저트 광인(?)들을 흥분시키는 중.

→ '판소리 다섯 마당의 멋'은 재단이 1991년 창립 이래 심혈을 기울여 만들어온 무대. 2024년 7월 박애리 춘향가 공연 장면.

↑ 동문거리 한편에 자리한 창작소극장의 평범한(?) 입구. 그러나 비범한 예술이 생동하는 공간.

창작소극장

직관하는 무대의 감동

1990년 개관한 창작소극장은 연극, 콘서트, 무용 등의 다양한 공연을 담는, 전북을 대표하는 무대다. 100석 정도 되는 공간에서 살아 있는 연기를 보는 일은 얼마나 감격스러운지 경험하지 못한 사람들은 모른다. 영화와 드라마와는 차원이 다른 몰입감으로 울고, 웃으며 무대를 바라보게 된다. 다양한 문화예술을 전주에서 즐길 수 있었으면 좋겠다. (오힘)

41

⬆ 지역 연극 신의 대표주자 중 하나 창작소극장. 영화, 드라마 등 여타 재현 장르와는 차원이 다른 감동을 주는 연극 무대의 산실.

facebook

창작소극장
오랜 역사를 가진 연극 전용 극장, 창작 극회의 자체 기획 공연을 볼 수 있는 곳.
주소 전주시 완산구 동문길 100 지하 1층
오픈 매일 10:00~22:00

전주디지털독립영화관

↑ 기획전, 특별전 등 독립·예술영화 전용 극장이 할 수 있는 다양한 활동을 한다. 감독과의 대화도 마찬가지.

↓ 영화관이 위치한 전주영화제작소의 후반 제작 시설.

전주디지털독립영화관
전주에 사는 기쁨은 독립영화관이 있다는 것. 예술과 영화의 만남을 만끽할 수 있는 특별한 공간.
주소 전주시 완산구 전주객사3길 22 4층
전화 063-231-3377
오픈 월요일 휴관

42

**전주 시네필의 자부심,
아트하우스 영화 기지**

전주디지털독립영화관은 전주 시민들이 아끼는 문화 공간이자 여행객들에게도 꼭 추천할 만한 '전주형' 단관극장이다. 독립영화와 예술영화를 사랑하는 이들에게 특별한 경험을 제공하는 이곳은 아늑하고 차분한 분위기 속에서 독립영화, 고전영화, 해외 예술영화 등 다양한 작품들로 상업영화와는 결이 다른 영감을 안겨준다. 기획전과 특별 상영회도 자주 열린다.

영화관이 있는 전주영화제작소에서는 영화 관련 교육과 워크숍이 열리고, 영화 제작에 필요한 장비를 대여할 수 있는 공간도 있다. 영화 상영 외에도 영화에 대한 다양한 지식을 얻고 싶은 이들에게 추천하고 싶은 장소다. 예매는 전주영화제작소 홈페이지에서 가능하며, 월요일과 명절은 휴관하니 방문 전 참고하자. 전주디지털독립영화관은 독립영화가 주는 새로운 감동과 함께 전주만의 고유한 분위기를 온전히 느낄 수 있는 곳이다. (임주아)

web site

위치는 전주영화제작소 4층. 건물 자체가 영화 특화형 공간으로 전주국제영화제 사무국도 입주해 있다.
↓

동네와 대화하는 미술관, 건물도 공간도 멋있다

성매매업소가 있던 자리에 작은 미술관을 지었다. 2021년 전주 서노송 예술촌에 문 연 뜻밖의미술관 이야기다. 지금은 모두 폐쇄됐지만 미술관이 개관할 당시 업소와 공존하고 있었다. 성매매집결지라는 완력이 강해 다가오지 못하는 선미촌 동네에서 문화예술을 통해 조금씩 문을 열어보려는 뜻밖의미술관은 전시를 통해 동네에 말을 걸기 시작했다. 이제 미술관은 이곳 마을에 예술인과 관객, 여행객을 불러 모으는 상징적인 장소가 됐다.

서노송 예술촌에는 성매매업소를 문화 공간으로 바꾼 곳이 많다. 대표적인 곳으로 시티가든, 놀라운예술터, 새활용센터 다시봄, 전주소통협력센터 성평등전주, 책방 물결서사가 있다. 그래서 뜻밖의미술관 전시를 보러 올 땐 시간 여유를 갖고 함께 방문해볼 것을 권한다. 이곳이 지닌 이야기를 뉴스나 글을 통해 미리 접하고 오는 것도 도움이 된다.

뜻밖의미술관은 성매매업소 자리에 지어진 국내 최초 미술관이다. 그것이 가진 무게와 의미가 적지 않다. 그러나 무겁지 않게 가볍지 않게 많은 이들이 이곳에 다녀가길 미술관은 원한다.
(임주아)

web site

주변 환경과 조응해 잊지 못할
인상을 남기는, 미술관 앞
공터의 인스톨레이션.

↑ 방문한 날 본 것은 2025 전주이동형 아트마켓전(展).

↑ "뜻밖의 행운처럼 생각지도 못한 곳에서 기쁨과 즐거움을 만나는 공간이다." – 안내문

43

뜻밖의미술관

뜻밖의미술관
전주 독립서점 물결서사와 마주한 위치에 있는 미술관. '뜻밖의' 장소에서 예술을 전파하는 전위 구실을 한다.

주소 전주시 완산구 물왕멀2길 3-6
전화 063-287-1300
오픈 화-일 10:00~17:00, 월요일 휴무

재즈 라이브의
감동을 느끼고 싶습니까?

한적한 골목길 사이로 은은한 재즈 선율이 흐른다. 그 소리를 따라 걷다 보면, 마치 다른 시대에 발을 들인 듯한 공간, '더바인홀'(The Vine Hall)을 만나게 된다.

더바인홀은 전주에서 재즈를 온전히 즐길 수 있는 귀한 공간이다. 고풍스러운 벽돌 외관과 깊이 있는 색감의 인테리어는 마치 오래된 재즈 클럽에 온 듯한 착각을 불러일으킨다. 무대 위에는 반짝이 그랜드 피아노와 정갈하게 세팅된 악기들이 놓여 있다.

전주는 전통과 현대가 조화롭게 공존하는 도시다. 이곳에서 더바인홀은 음악이 주는 깊은 울림을 선사하면서, 전주의 밤을 풍요롭게 만드는 역할을 한다. 새로운 음악적 경험을 찾는 이라면, 재즈의 자유를 사랑하는 이라면 잊지 말아야 할 이름. (김미진)

44

instagram

더바인홀
김주환 재즈보컬리스트가 운영하는 더바인홀은 전주의 밤을 낭만의 선율로 채우고자 한다.

주소 전주시 완산구 안행로 14 1층
전화 063-232-6107
오픈 월~토 08:00~22:00 일 13:00~22:00

국내외 실력 있는 재즈 뮤지션들의
공연이 정기적으로 열리는,
전주 재즈의 본거지.
↓

더 바인 홀

'주민에겐 사랑방, 여행자에겐 핫플'. 전주의 도서관을 이르는 표현이다. 크고 작은 20여 공공 도서관을 운영하는 전주는 도서관을 묶어 테마 여행지로 소개하는 유일한 도시다.

READING

읽기

45

편백의 하트링이 숨겨진, 책을 읽지 않아도 좋은 도서관

전주에는 숲속에서 책을 읽을 수 있는 공간이 많다. 그중 건지산숲속작은도서관이 가장 먼저 만들어졌다. 편백숲에 둘러싸인, 편백으로 만들어진 오두막 같은 공간이다. 넓은 유리창이 백미인데 들어가 앉아 밖을 내다보면 숲속 풍경이 몸과 마음을 어루만져주는 느낌이 든다.

등산이나 숲을 산책하다가 잠시 땀을 닦고 쉬어가고 싶을 때 책을 펴보는 낭만은 경험해본 자만이 알 수 있을 터. 책을 한두 페이지 넘기다 하늘을 올려다볼 때, 편백 숲으로 우거진 틈 사이로 하트링을 만날 수 있는 행운도 기대할 수 있다.

건지산숲속작은도서관은 규모는 작은 편이지만 접근성이 좋아 시민에게 많은 사랑을 받는다. 전주동물원 주차장을 이용하는 길에 이정표가 잘되어 있어 편하고, 숲속으로 모험을 찾아 들어가는 느낌이 든다. 전북대병원 장례식장 뒷길로 가는 길은 꽤 평탄한 편이고, 노선이 짧아 접근하기 쉽다. 운동을 곁들여 건강을 챙겨보고 싶다면 전북연극의 아버지 박동화 동상이 있는 쪽에서 출발해 조경단을 옆에 두고 오르는 코스를 추천한다. (김미진)

↑ 전북대병원 장례식장 뒷길로 진입하는 길의 이정표.

건지산숲속작은도서관

④ 숲의 정령을 바라보며 책을 읽어도 좋다. 가끔 멍 때리면서.

↑ 편백나무에 둘러싸인, 카페 정도의 초소형 도서관.

건지산숲속작은도서관
등산로 인근 도서관이라 신발 벗고 입장. 열람만 가능, 대출은 안 된다.

주소 전주시 덕진구 건지산로 40
전화 063-714-2812 **오픈** 화-일 9:00~18:00, 월요일 휴관

도서관, 미술관, 북카페?
놀라긴 아직 이르다

높게 열린 천장, 벽을 가득 채운 그림들. 금암도서관에 들어서는 순간 책보다 먼저 미술 작품이 반갑게 맞아준다. 단순히 책을 읽는 공간이 아니라 예술을 가까이 느낄 수 있는 공간이 되기를 바라며 도서관이 연중 진행하는 '도서관 내 미술관' 프로젝트 일부다. 이 작품들을 조용히 감상하며 안쪽으로 발걸음을 옮기다 보면 이번에는 커다란 원기둥 모양의 책장이 시선을 사로잡는다. 도서관일까, 미술관일까, 아니면 감성적인 북카페일까?

놀라긴 이르다. 2층에는 더 멋진 장면이 기다리고 있다. 벽면 하나를 가득 채운 통창 너머로 펼쳐지는 구도심의 풍경, 그리고 그 앞에 놓인 푹신한 의자들. 도서관이 있는 언덕을 오를 때는 조금 힘들었을지 몰라도, 이곳에서 내려다보는 전주의 구도심을 보고 있으면 어느새 마음이 사르르 풀어진다. 날씨가 좋은 날에만 열리는 3층 옥상 '트인마당'에서 내려다보이는 전경은 더욱 멋지다.

전주에서 가장 오래된 도서관이지만 3년 전 리모델링을 마치면서 지금처럼 아름다운 공간으로 다시 태어났다. 6만1000권의 책이 빼곡히 꽂힌 서가, 그리고 북토크나 강연 같은 다채로운 행사들까지. 게다가 가까운 곳에 전북대가 있어 대학가의 분위기를 느끼고 싶은 여행자들에게도 제격이다. (나보배)

금암도서관

↑ 전주의 가장 오래된 도서관의 변신, 카페를 슬프게 하는 인테리어.

↓ 빨강 중앙 계단이 단박에 시선을 사로잡는 2층 전경. 모더니티 공간 미학이 돋보이는 도서관.

← 사실은 뷰 맛집. 미세먼지가 있던 날, 3층 야외에서 바라본 풍경.

금암도서관
현대적인 풍모의 도서관. 1층엔 어린이 전용 공간이 널찍하게 마련되어 있다.
주소 전주시 덕진구 거북바우로 13
전화 063-281-6440 **오픈** 화-일 일반자료실 9:00~22:00 어린이자료실 9:00~20:00 주말 전체 9:00~18:00, 월요일 및 법정 공휴일 휴관

47

예술이 당신을 위로해줍니다

예술 특화 도서관인 서학예술마을도서관은 전주에서 가장 묘한 아름다움을 가진 책 공간이다. 예술에, 예술에 의한, 예술을 위한 도서들이 독자들을 맞이하는 이 공간은 4가지 섹션으로 구성돼 있다.

먼저 '빛들다' 코너는 빛이 상징하듯 다양한 사진과 여행 도서들도 벽면에 꽂혀 있다. 2층 '스며들다'는 우리 민요에서 현대 음악까지 다양한 음반이 꽂혀 있다. 헤드폰에서 음악이 나오면 책을 펼치는 것처럼 음악을 '읽게' 된다. '깃들다' 코너에는 서학동에 사는 예술인(문학, 음악, 미술, 작곡, 디자인)들이 남긴 컬렉션을 볼 수 있다. 여기에선 "어떤 예술이 이 사람들에게 길을 주었을까"라는 실마리를 집게 된다. 담쟁이동 '물들다' 코너에서 기초적인 미술 데생부터 동서양 미술사, 미학 책의 페이지를 넘기다 보면 어느새 폐관 시간이 다가온다.

왜 살아야 할까 고민할 때, 예술이 주는 위안이 필요할 때가 있다. 전주에서 쉼이 필요하다면, 많은 도서관 중에서도 서학예술마을도서관이 주는 위안이 가장 따뜻하리라. (이휘빈)

서학예술마을도서관

↑ '빛들다' 코너엔 여행 및 사진 서적이 큐레이션돼 있다.

→ 한적한 동네에 성채처럼 우뚝 서 있는 예술 특화 공공 도서관.

↑ LP를 청음할 수 있는 턴테이블 장비가 준비되어 있다.

서학예술마을도서관
오래된 갤러리와 카페를 리모델링해 2022년 6월 개관한 도서관.
권위와 규율이 아닌, 여유 넘치는 '방만한' 공간.

주소 전주시 완산구 서학로 12-1
전화 063-714-3528
오픈 화-일 9:00~18:00, 월요일 및 법정 공휴일 휴관

자연이 허락한 도서관에서 시(詩)를

학산숲속시집도서관은 2021년 개관한 전국 유일의 시 전문 도서관이다. 나무를 딱 한 그루만 베고 그 자리에 책 모양의 복층 건물을 지었다. 20평(75km) 정도로 공간은 크지 않지만 산의 지형을 그대로 살린 아늑하고 편안한 분위기다.

전주시 완산구 평화동 주민들이 거의 즐겨 찾던 한적한 뒷산 '학산'에 이 뜬금없는 시 도서관이 생길 줄 누가 알았을까. SNS에서 반응이 컸다. 전주에 오면 꼭 가봐야 할 도서관 중 하나로 손꼽히며 여행자들의 무한 발길이 이어졌다. 유명해진 건 외관뿐만은 아니다. 시집을 비롯한 시 관련 도서만 3000권이 넘고, 매달 진행하는 시인 초청 행사에는 20여 명의 독자가 옹기종기 모인다.

명소를 찾아온 이들이 많지만, 도서관 안에서는 모두 차분히 시집을 보고 필사도 하며 시심전심이 된다. 무엇보다 이곳에 오면 커다란 통창이 마음에 들어온다. 키 큰 나무들이 둘러싸고 있어 어떤 곳보다 계절감이 잘 느껴진다. 도서관 앞 '맏내호수'에서 물멍을 해도 좋다. 형형색색의 잉어도 볼 수 있다. 자연이 허락한 학산숲속시집도서관에 오면 심신이 평안해진다. (임주아)

학산숲속시집도서관

↑ 등산로 느낌의 데크를 한참이나 올라가 지칠 때쯤, 홀연히 나타나는 캐빈 스타일의 도서관.

ⓚ 당신을 위무해줄 언어 가득한,
시(詩)가 꽂힌 서가.

ⓓ 아담한 호수를 끼고 있어,
탈속의 장소처럼 느껴지는 공간.

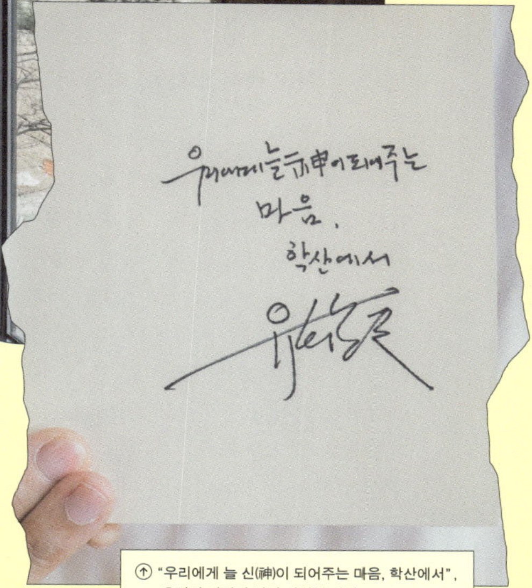

(↑) "우리에게 늘 신(神)이 되어주는 마음, 학산에서", 유희경 시인이 남긴 사인본 시집

학산숲속시집도서관
'숲속 시집 작은 도서관'이란 이름만으로도 충분한 곳.

주소 전주시 완산구 평화동2가 산81
전화 063-714-3525
오픈 화-일 9:00~17:00, 월요일 휴관

연화교 건너 연화정, 호수 위에서 사색하기

전주 시민이 사랑하는 연꽃 호수 덕진공원에는 한옥으로 지은 명물 연화정도서관이 있다. '한국 전통의 아름다움'을 내걸고 외관부터 인테리어, 책 선정까지 주제에 맞게 공을 들였다. 연화정도서관은 2022년 덕진공원 연못 한가운데에 매점으로 사용하던 정자를 허물고 'ㄱ'자형 한옥으로 지은 공공 건축물. 도서관까지 연결되는 연화교, 본관인 연화당, 누각인 연화루가 버드나무 세 그루와 어우러져 전통의 남다른 멋을 자아낸다. 붉은 목재와 어우러진 조명이 은은하고, 전통 창살로 장식한 통유리로 보이는 연못 풍경이 드넓다. 전통 한옥의 건축미를 살린 건물 외벽은 때때로 미디어 파사드 공연의 배경이 되기도 한다. 도서관에선 그림책 원화 전시도 종종 열린다. 품이 넓은 연화정도서관은 전북대와 가까워 대학로를 산책하기도 좋고, 어린이와 함께라면 '야호맘껏숲놀이터'에서 놀다 가도 좋다. 도서관에서 나와 어둑해지면 빛나는 야경도 즐겨보자.
(임주아)

↑ 지극히 전주스러운, 전주에 의한, 전주를 위한 도서관.

→ 창호 문살, 발, 사방탁자 등 한국 전통을 대표하는 오브제로 가득 차 있다.

↑ 호수 가운데 자리한 도서관으로 가려면 연화교라는 다리를 건너야 한다.
여름엔 이 호수가 연꽃으로 가득 찬다.

ⓘ 전통 한옥의 무게감과 현대적인 감각이 절묘하게 어우러져 있는 내부. 큐레이션 방향은 '전주'와 '전통', '한국 문화'를 담은 책, 오브제를 소개하는 것.

연화정도서관
한국에서 가장 아름다운 도서관 중 하나로 손꼽히는 이유는, 오면 안다.
주소 전주시 덕진구 권삼득로 390-1
전화 063-714-3527
오픈 화-일 9:00~19:00, 월요일 휴관

50

전망 좋은 곳에서 할 수 있는 것들

완산도서관은 전주의 옛 지명인 '완산'이라는 이름이 들어가 있을 정도로 전주 역사와 맥을 같이하는 상징적인 공간이다. 1989년 개관해 18만 권의 책을 소장한 이곳은 2024년 복합문화공간으로 다시 문을 열었다.

큰 창으로 들어오는 햇빛 덕분에 개방감이 돋보이는 완산도서관은 '시민 출판'을 특화 주제로 삼고 누구나 글을 쓸 수 있는 공간을 제공한다. 완산도서관의 핵심 공간은 3층. 시민작가와 전문작가들의 레지던시 공간을 비롯해 책을 직접 만들어볼 수 있는 출판체험실이 특별하다. 1층 완산마루 전시실에선 기획전도 상시로 열린다.

이곳에 오려면 높은 언덕을 오르는 게 하나의 관문처럼 느껴지지만 올라와보면 잘했다는 생각만 맴돌 것이다. 높은 곳에 우뚝 선 만큼 전주를 조망할 수 있는 넓은 시야각을 주는 덕분이다. 도서관 앞 '파랑새관'도 무조건 들러야 한다. 전주는 동학농민혁명의 도시이기도 하다. 그 역사를 한눈에 볼 수 있는 공간이다. (임주아)

완산도서관

↑ 특유의 오픈형 구조 덕분에 독서하기에도, 작업하기에도, 살짝 졸기에도 좋다.

← 건물 중앙이 비어 있어 개방감이 좋다. 3층에 작가 레지던시와 출판체험실이 있다.

↑ 1층 왼편, 완산마루 전시실의 미술 기획전.

↘ 진입로의 긴 언덕을 힘들지만
올라와야 하는 이유 중 하나는
이곳이 또 하나의 '뷰 맛집'이기 때문.

완산도서관
읽고 쓰는 일을 넘어 직접 만드는 경험을 제공하는 '시민 출판'
특화 도서관.
주소 전주시 완산구 곤지산4길 12
전화 063-230-1817
오픈 월-목 9:00~22:00 토-일 9:00~18:00,
금요일 휴관

전주영화호텔 2층에 자리한 영화도서관은 영상자료 1만5000여 점을 비롯해 전문 서적, 영화 잡지 도합 5000여 권을 열람용 자료로 공개하고 있는 상시 개방형 자료실이다. 자료들이 어디 있는지 도무지 찾기 힘들고, 배치의 논리도 알아차리기 힘들지만 이 도서관은 역설적으로 그렇기 때문에 마성의 매력을 발한다. 이곳 자료들 대다수가 오래전 업데이트가 중지된 고색창연한 옛날의 그것이라는 사실도 이 도서관의 특별함(?) 중 하나다.

가령 30년쯤 지난 영화 잡지 한 권을 무작위로 읽는다고 하자. 거기엔 지금은 은퇴했거나 작고한 스타들의 동정, 개봉 영화에 대한 찬반 의견, 스크린쿼터제 같은 국산 영화 보호 제도를 사수해야 한다는 따위의 기사가 실려 있을 텐데, 30년이나 지난 지금 우리는 당시 사람들의 고뇌, 열정, 착각, 우려 같은 것을 전지적 시점에서 평가하게 된다. 말하자면 그것이 발행된 시점과는 전혀 다른 방식의 독서가 이뤄지는 셈이고, 역사적 거리가 가져다준 깨달음 같은 것을 느끼게 된다. 이런 점에서 잡지는 이중, 삼중의 삶이 있다고 할 수 있다. 여기 있는 VHS, DVD, 릴 테이프, 영사기 같은 매체들도 다르지 않다.

이곳에선 아무것도 기대하지 않고, 목적 없이 배회하는 것이 최선이다. 영화 잡동사니로 가득 찬 이 창고는 우리를 과거로 회귀시켜 켜켜이 쌓인 시간의 의미를 말없이 알려준다. 당신이 시네필이라면, 서지에 관심 있는 책벌레라면 꽤나 흥미로울 것이다.

전주영화호텔 영화도서관

↑ 2000년대 들어 퇴장한 영상 매체 비디오테이프 열람 장비.

① 〈KINO〉, 〈스크린〉, 〈키네마준보〉를 위시한 온갖 종류의 국내외 과월호 잡지들.

② 엽서, 배지 등 판매용 상품들도 진열돼 있다.

Ⓚ 시효가 다한 왕년의 물건들. 영화용 필름 카메라, 영사기, 필름통 등.

전주영화호텔 영화도서관
주소 전주시 완산구 전주객사2길 28-27 2층
전화 0507-1485-0803
오픈 수-토 10:00~20:00 일 9:00~15:00, 월-화 휴무

여행자를 환영합니다
또 다른 여행을 꿈꾸도록

다가여행자도서관은 여행과 관계된 책과 편안한 휴식을 제공하는 여행 특화 도서관으로, 전주의 원도심과 한옥마을, 남부시장 등 일대 여행 계획을 세우기 좋은 위치에 자리하고 있다. 건물의 1층과 2층에는 여행 관련 다양한 책이 비치되어 있고 노트북을 이용할 수 있는 공간도 있어 여행 중에 와이파이나 노트북이 필요한 이들에게 긴요한 장소이기도 하다.

이곳에 방문한 이들이 가장 좋은 곳으로 꼽는 것은 단연 지하 1층의 다가독방인데, 아늑한 분위기에서 편안하게 책을 읽고 휴식을 취할 수 있어 조용히 여행을 정리하기 좋다는 평이 많다. 다가여행자도서관에는 전주 여행에 대한 책뿐 아니라 여행과 관계된 다양한 책이 있다. 여행의 중후반에 이르러 마음이 조급해지기도 하고 돌아가서 할 일들을 떠올리게 될 때, 그것들을 잠시 미뤄두고 다음 여행을 맘껏 상상할 수 있게 하기 위한 도서관의 배려가 아닐는지. (황자양)

다가여행자도서관

↑ 이 도서관의 가장 좋은 점은 접근성. 원도심과 한옥마을, 남부시장 등 주요 포스트 여행 계획을 세우기 좋은 장소에 있다.

→ 지하 계단을 내려가면 당도하게 되는 '다가독(讀)방'. 전주의 도서관에서, 어쩌면 전주 전체에서 가장 이색적인 독서 공간.

← 왜 전주가 '책의 도시'인지 여기에 오면 실감하게 된다. 대중성과 전문성이 이상적으로 결합된 공간이다.

다가여행자도서관
여행자들을 위한 특별한 공간, 여행을 꿈꾸고 계획할 수 있는 공간으로 추천한다.

주소 전주시 완산구 전라감영2길 28
전화 063-714-3526
오픈 화-일 9:00~18:00, 월요일 휴관

음식점

보통명사 전주비빔밥부터, 한식, 중식, 일식, 양식, 갖가지 퓨전 음식을 '관광거점도시' 전주를 찾는 국내외 방문객에게 서비스하는 곳이 이곳 전주의 식도락 풍경이다. 한마디로 다양하다는 것.

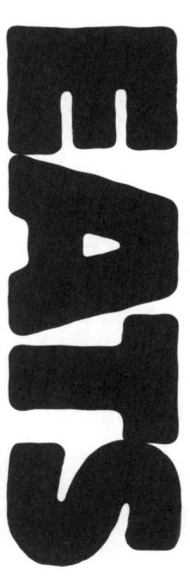

사람도 많고, 빵도 많고, 재료도 풍성

낸시베이크샵

53

'낸시'. 그 이름이 내 귀까지 들어왔을 땐 이미 너무 유명해져 있던 집. 배달앱 주문이 번번이 막히기에 대체 얼마나 대단한가 싶어 오기로 찾아갔다. 첫인상은 '빵도 사람도 많은 곳'. '가성비 갑'이 이 집 정체성이다. 보통 집에서 뭔가를 제대로 만들어 먹을 때 식재료를 한 움큼 넣기 마련인데, 여긴 그보다 한참을 더 넣어 내놓는다. 흑임자, 쑥, 바닐라 류의 앙금을 잔뜩 채운 '-둥이' 시리즈는 앙금을 감싼 빵 피가 터지지 않을까 아슬아슬할 정도로 묵직하다. 깜빠뉴도 기가 막힌다. 보늬밤, 단호박, 무화과 같은 재료를 가득 넣고, 크림치즈를 아이스크림 스쿱으로 퍼 넣은 것처럼 그 틈을 가득 채웠다. 낸시에 허투루 만든 빵은 없다. 에그타르트는 꼭 두 개 이상 사서 하나는 냉동실에 얼려 먹어보자.

주차가 쉽지 않다. 주변에 즐길 거리가 많지는 않아 외지인에게는 더 멀게 느껴질 수 있다. 이건 현지인 빵순이들에겐 외려 장점일 수도. 내가 아끼는 빵집에 지금보다 사람이 더 많이 몰리는 걸 원치 않는 건 다들 매한가지일 테니까. 오픈은 목, 금, 토, 일 오전 10시부터. 먹고 싶은 빵이 있다면 오전 일찍 길을 나서길. (김달아)

베이크샵에 입장하면 빵을 하나만 사고 나올 수는 없을 정도로 손님들 쟁반에는 빵이 한가득이다.
↓

이면도로에 위치한 수수하기 그지없는 외관. 먹어보기 전에는 이 집의 특별함이 느껴지지 않는다.

빵순이들은 알 것이다. 얼어보면 보통 빵이 아니라는 것을. 빵 안에 단호박과 크림치즈가 꽉 차게 들어간 단호박크림치즈깜빠뉴. 인기 메뉴라 1인당 5개 구매 한정.

instagram

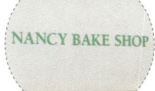

낸시베이크샵
그리 넓지 않은 내부, 주차도 힘들지만 현지인의 사랑 지극한 로컬 빵집.

주소 전주시 덕진구 가리내10길 8-5 1층
오픈 목-일 10:00~17:30, 월-수 휴무

(↑) 화이트톤 외관과 통유리창, 간결한 폰트 간판이 돋보이는 브런치 카페로 가게 옆에 넓은 주차 공간이 마련돼 있어 접근성과 편의성을 갖췄다.

(←) 마리네이드 닭가슴살, 특제 소스, 루콜라, 안단테면 재료로 푸짐한 샐러드 파스타는 양과 포만감을 동시에 챙길 수 있어 브런치나 한 끼 식사로 적합하다.

instagram

레이지크 해비탯
편안한 느낌의 유럽 시골풍 인테리어,
연인들의 데이트 코스로도 추천.

주소 전주시 완산구 마전4길 11-5 1층
전화 0507-1422-5000
오픈 월-금 9:30~16:30 토-일 9:30~17:00

레이지크 해비탯 54

여유를 즐기기에 최적화된 브런치 카페

신시가지, 아침 햇살이 길게 드리우는 거리 사이로 유독 싱그러움이 가득한 공간.

'레이지크 해비탯'(Lazyke Habitat)이란 이름처럼 게으른 듯하지만 정갈하게 정돈된 이곳은, 여유를 즐기기에 최적화된 브런치 카페다.

문을 열고 들어서면 가장 먼저 마주하는 것은 생기 넘치는 초록의 식물들이다. 덕분에 실내는 마치 작은 온실처럼 편안하다. 유럽풍 외관에 고풍스러운 테이블과 의자, 소품으로 채워진 공간은 어느 자리에서든 아늑함을 느낄 수 있다. 여기에 플레이팅부터 정성이 느껴지는 메뉴들은 그림처럼 아름답다. 대표 메뉴인 '레이지크 오픈 샌드위치'는 스크램블드 에그, 통새우, 로메인 등이 조화롭게 어우러진다. 또 다른 인기 메뉴인 '샐러드 파스타'는 상큼하고 시원하면서 부담스럽지 않은 느낌으로 다가온다.

단순히 배를 채우는 공간이 아니다. 바쁜 도시의 흐름에서 벗어나, 나만의 속도로 하루를 맞이하고 싶은 이들에게 완벽한 휴식을 선사하는, 선물 같은 곳이다. (김미진)

← 가리비와 바지락이 듬뿍 들어간 크림 베이스로 만나는 또 다른 봉골레 파스타는 바게트와 함께 제공되어 소스를 찍어 먹기에 좋다.

짹팥

한옥마을 '외할머니솜씨'와 효자동 '꿀비'는 이미 유명한 팥빙수 맛집이다. 우아동의 '짹팥'은 이 명성에 도전장을 내미는 곳이다. 귀여운 참새가 그려진 간판이 반겨주는 이곳은 직접 삶고 조린 팥으로 만든 팥빙수와 팥죽 맛집이다.

깊고 진한 팥, 살살 녹는 얼음

빙수 전문점답게 시그니처 메뉴는 우유 얼음과 팥, 콩가루로 완성한 기본 짹팥 빙수다. 여기에 흑임자, 쑥, 콩고물, 모카커피 등 다양한 토핑을 더한 빙수들도 준비되어 있으니 취향에 따라 선택하면 된다. 팥의 진한 풍미를 그대로 느끼고 싶다면 대추와 계피향이 은은하게 퍼지는 팥죽이나 고소한 흑임자를 듬뿍 넣어 끓여낸 흑임자죽을 추천한다.

↓
곱게 간 얼음 위에 진한 팥소와 떡, 콩가루가 올려져 있다. 달콤하고 쫀득한 재료들이 시각적으로도 조화를 이룬다.

짹팥에 한 가지 아쉬운 점이 있다면, 바로 위치다. 관광지와는 다소 거리가 있고 전주역에서도 2km 정도 떨어져 있어 도보 이동이 쉽지 않다. 하지만 그 덕분에 북적이지 않고 한적한 동네 맛집 특유의 정취를 느낄 수 있어 '오히려' 좋다. 일찍 찾아온 더위에 지쳤다면, 짹팥에서 깊고 진한 팥과 살살 녹는 얼음의 맛을 함께 즐겨보길 바란다. (나보배)

instagram

← 바닐라아이스크림에 수제 국산 팥조림과 에스프레소를 더한 짹팥의 특별한 팥포카토.

짹팥
팥빙수 전문점. 팥은 임실산을 사용한다. 테일러커피 원두로 내리는 커피도 남다르다.

주소 전주시 덕진구 진버들1길 84 1층
전화 063-242-2446
오픈 매일 11:00~21:00

음식으로 말하고, 공간으로 이어간다

전주 비건 음식점의 상징이 된 '빛의 안부'는
비건이 아니어도 즐겨 찾는 이들이 많다.
맛있기 때문이다. 수프, 샌드위치, 치아바타,
샐러드, 카레, 그리고 소금빵과 식빵, 카늘레,
블랙커피와 허브티까지 메뉴는 누구나
익숙하게 고를 수 있는 음식들로 구성돼 있다.
전 메뉴는 모두 식물성 재료로 만들어져
속이 편하다는 후기가 많다.

　　가게 분위기는 나무 느낌 가득한 빈티지
스타일에 식물이 많아 차분하고 싱그럽다.
좌석 수가 많지 않아 들어서자마자 자리를 잡는 게 좋고, 키오스크에서
주문한 뒤 창가 쪽 자리에 앉으면 영화제 포스터가 걸린 건너편
풍경이 눈에 들어온다. 빛의 안부는 '독립영화의 집'이 들어설 자리에
마주하고 있으며, 객사 중심부에 있어 전주국제영화제의 생생한
분위기를 체감할 수 있다. 주요 상영관들과도 가깝다.

　　한쪽 벽에는 『사로잡는 얼굴들』이라는 사진집이 세워져
있다. "한 번도 늙어가는 소와 돼지를 본 적이 없다"는 문장을 남긴
이 책은, 이곳의 방향을 단 한 문장으로 말해준다. 빛의 안부는
음식으로 말하고, 공간으로 이어간다. (임주아)

빛의 안부

instagram

56

↑ 4인석, 2인석 자리가 대부분이지만, 혼밥, 혼카 하는 손님들도 즐겨 찾는 곳.

↓ 비건 재료들로 만든 소금빵, 치아바타, 포카치아, 베이글.

빛의 안부
전주 비건 식당의 상징. 실내는 나무 느낌 가득한 빈티지 스타일, 식물도 많다.

주소 전주시 완산구 전주객사2길 74-11 그린빌 1층
오픈 월-화 9:00~19:00 목-일 9:00~19:00, 수요일 휴무

매미식당

건강한 음식은 맛이 없다고?

날마다 제철 음식을 챙겨 먹는, 맛을 아는 사람들이 찾는 매미식당. 곤충 '매미'와 이름이 동일한 이곳은 '매일 매'(每)와 '맛 미'(味)가 합쳐져 '매일 맛있다'란 뜻의 상호를 가진 퓨전 음식점이다. 간판이 잘 보이지 않아, 이곳인가 싶을 때 한글과 한자로 '매미'라고 붙여진 통유리 너머로 여러 연령대의 손님이 식사를 하는 모습이 보인다.

 메인 메뉴인 파스타는 제철 나물을 통해 직접 만든 페스토로 만들어진다. 방문한 날에는 '봄나물 레몬 파스타'를 시켰다. 제철 봄나물과 레몬 제스트, 리코타치즈, 나물 페스토를 비벼 먹으니 입안에 봄내음이 가득 찬다. 같이 시킨 '소고기 도리아'는 매콤한 로제소스로 이루어져 있는데, 로제와 치즈의 느끼함을 중간중간 씹히는 오이고추가 잡아준다. 매미식당은 비건 음식은 밋밋하다는 고정관념, 건강한 음식은 맛없다는 편견을 부수는 식당이다. 건강하고 맛있는 한 끼를 찾는 당신에게 이곳을 추천한다. (윤은경)

57

ⓘ 봄철 시즌 메뉴로 제철 재료를 활용한 봄나물 레몬 파스타.

↑ 사장님 자녀분이 그렸다는 매미 그림 간판. 단정하고 포근한 느낌 때문에 영화 <카모메 식당>이 그려진다.

instagram

매미식당
비건 옵션이 있고 계절별 또는 매달 메뉴가 달라지니 SNS 참고해 방문할 것.

주소 전주시 완산구 팔달로 212-5
전화 070-4143-5850
오픈 수-토 11:30~16:00, 일-화 휴무

무슈 빠따뜨
다소 좁은 매장이지만 카운터 안에서 화덕 굽는 냄새가 독특하다.
주소 전주시 완산구 은행로 85-2 1층
전화 0507-1469-8520
오픈 월, 수-일 11:30~20:00 휴게시간 15:00~17:00, 화요일 휴무

→ 외관은 전통 한옥 형태를 유지하면서도 간판과 소품은 유럽 감성을 더했다.

↓ 한옥 구조의 실내에 긴 바 테이블이 배치되어 있다. 주방과 바로 연결된 오픈형 구조로 요리 과정을 가까이서 볼 수 있다.

프랑스식 피자의 매력을 찾아서

무슈 빠따뜨

① 렌(Reine). 프랑스 피자 가게 어디서든 찾을 수 있는 클래식한 메뉴에 발사믹 글레이즈를 더한 피자.

instagram

전주에 피자 가게는 많다. 그러나 내가 한옥마을에서 가장 좋아하는 피자로 무슈 빠따뜨를 뽑고 싶다. 주인인 니콜라 씨는 프랑스에서 온 사람이다. 프랑스와 피자, 갸웃할 수도 있지만 프랑스의 피자는 또 다른 매력이 있다. 불고기피자를 재해석한 꼬헤엔, 사과와 염소치즈가 인상적인 뽐(Pomme), 향기가 독특한 '라 블루' 등을 맛보면 바삭한 빵에 색다른 재료들이 한입에 넘어간다.

테라스 쪽은 매장 뒤쪽에 있는데, 그늘 속에서 맛보는 피자와 맥주도 매력적이다. 음식을 다 맛봤다면 디저트를 놓치지 마시길. 크렘브륄레와 무스오쇼콜라(초콜릿 무스)는 과식을 후회하지 않을 가치가 있는 디저트다. 무슈 빠따뜨를 운영하는 니콜라 씨는 다소 쑥스러움이 많지만, 한편으로 친절함이 배어 있다. 피자를 만드는 와중에도 꾸준히 테이블을 살핀다. 어쩌다 눈을 마주치면 웃는데 (우리나라 사람들은 이런 문화가 여전히 낯설다) 좀 멋쩍지만 웃음으로 답해보자. (이휘빈)

58

낭만적이고 수수한 멕시코의 맛

59

멕시코 현지 맛의 아이마미따는 한국인 남편과 멕시코인 아내가 운영하는 멕시코 요리 전문점이다. 남편분께서 스물세 살에 멕시코로 여행을 갔다가 한식당까지 열게 되면서 지금의 아내를 만나 결혼까지 하게 되었고 다시 한국으로 돌아와 멕시코 요리 전문점을 차려 운영 중인 곳이다.

　이곳은 한국인보다는 외국인이 더 많은 곳이다. 그래서인지 주말이면 흥겹고 펍 같은 느낌이 든다. 혼자 와서 마르가리타에 타코를 먹어도 어색하지 않은 공간이다. (오힘)

아이마미따

아이마미따
타코 맛집으로 알려진 전주 객사의 진짜 멕시칸 식당.

주소 전주시 완산구 전주객사1길 46-7
전화 0507-1324-1585
오픈 화-일 12:00~21:00
휴게시간 15:00~17:00,
월요일 휴무

instagram

↑ 핑크색 지붕과 손그림 간판이 눈에 띄는 공간. 실내로 이어지는 통로에는 멕시코 국기와 전통 장식이 걸려 있다.

→ 밀가루가 아닌 옥수수로 만든 토르티야를 팬에서 하나하나 익힌다. 멕시코 현지의 조리 방식을 그대로 따르고 있다.

승승장구하는 음식점, 한 잔을 부르는 국물

승구우동의 우동 메뉴는 딱 2가지다. 유부우동과 어묵우동. 순한 맛과 얼큰한 맛, 보통과 곱빼기 중에서 선택하면 된다. 3~4명의 인원이 모였을 땐 수제 돈가스를 시켜서 나눠 먹는 것을 추천한다. 소스를 따로 주기 때문에 엄청나게 바삭한 식감이 끝까지 유지되는 것이 이곳 돈가스의 장점이다. 사이드 메뉴로 주먹밥, 만두, 삶은 달걀도 판매한다.

식당의 규모는 작은 편이지만 깔끔하다. 행정기관과 방송국 등 회사가 밀집한 신시가지에 있기 때문에 점심과 저녁에는 항상 사람이 많고, 주말 대기는 필수다. 단순한 메뉴 덕분에 회전율이 좋은 편이라 기다릴 만하다.

저녁에는 소주 한 잔을 즐길 수 있도록 어묵탕도 판매한다. 식당 벽면에는 이런 문구가 적혀 있다. '한 잔을 부르는 마성의 궁물, 승구우동'. 우동 국물에 소주 한 잔을 먹어본 사람들은 알 것이다. 이만한 술안주도 없다는 사실을. (김미진)

승구우동
사장님이 매일 반죽하는 생면으로 만드는 어묵우동과 유부우동의 명소.
주소 전주시 완산구 홍산남로 51 1층
전화 0507-1320-3950
오픈 월-토 11:00~22:00 휴게시간 15:00~17:00, 일요일 휴무

어묵우동(위), 유부우동. 쫀득쫀득한 식감과 국물 맛이 술안주로도 손색이 없다.

'승구'는 사장님의 옛 별명. 지금 누가 물어보면 '승승장구하는 우동집'이라 소개한다고.

ⓘ 전주객사에서 신시가지로 이사 온 뒤로도
점심시간이면 자리가 없을 정도로 붐빈다.

승구우동

instagram

60

instagram

도파멘

61

전주 객사 근처 혹은 아마도 전주에서 유일하게 토리파이탄, 즉 닭 육수 베이스의 라멘을 파는 식당이다. 전주 객사 근처 차이나거리와 웨딩거리 끄트머리에 위치한 도파멘은 통유리로 안이 훤히 보이는 식당 외관은 겉으로 보기에 라멘집처럼 보이지 않아 호기심을 자극한다. 키오스크에선 가볍고 달달하면서도 닭 육수의 매력이 살아 있는 토리파이탄 라멘, 다양한 토핑을 기름에 비벼 먹는 재미가 있는 아부라소바, 고소한 고기 토핑에 다시마식초의 감칠맛이 조화로운 마제소바, 기름지고 고소한 육수에 면을 찍어 먹는 츠케멘 등 다양한 라멘이 있어 벌써부터 행복한 고민에 빠지게 된다.

주문을 마치고 자리에 앉아 조리 과정이 한눈에 보이는 주방을 바라보다 보면 주문한 라멘이 어떻게 나올지 기대감이 든다. 메뉴 중에서는 닭뼈, 오리뼈, 백합으로 우려내 시원한 육수에 상큼한 향이 입맛을 돋우는 백합시오청탕 라멘이 전주와 도파멘에서만 맛볼 수 있는 특별한 라멘이다. 돈코츠 라멘의 대안을 넘어 도파멘은 전주에서만 맛볼 수 있는 최고의 선택이다. (고재혁)

↙ 백합시오청탕 라멘. 조개 육수 베이스의 맑은 국물 라멘으로, 백합조개와 차슈가 고명으로 올라간다. 감칠맛 있는 해산물 풍미가 깔끔하게 퍼진다.

↗ 치킨난반. 겉은 바삭하게 튀기고 속은 촉촉한 닭튀김 위에 타르타르 소스의 달콤새콤한 맛이 튀김의 느끼함을 잡아준다. 라멘과 함께 곁들이기 좋은 사이드 메뉴다.

도파멘
전주에서만 맛볼 수 있는 특별한 메뉴를 자랑하는 닭 육수 베이스의 라멘집.

주소 전주시 완산구 전라감영2길 6 1층
전화 063-715-4951
오픈 화-일
11:30~21:00 휴게시간
15:00~17:00, 월요일
휴무

instagram

↓
돈카츠흑심은 10일의 발효 과정을 거쳐 직접 만드는 누룩소금을 이용해 숙성하고 있다고. 천연의 감칠맛을 내는 비법 중 하나.

돈카츠흑심
대기가 일상인 식당이지만
느긋하게 차례를 기다릴 이유가 있다.

주소 전주시 완산구 전라감영2길 27-1 1층
전화 0507-1312-4951
오픈 화-일 11:30~21:00 휴게시간 15:00~17:00, 월요일 휴무

바삭한 돈카츠 한 입, 시원한 하이볼 한 모금

돈카츠흑심

62

어느 순간부터 전주에서 돈카츠 맛집으로 소문이 자자해지더니 이제는 3곳의 지점을 운영하는 곳, 바로 '돈카츠흑심'이다. 한옥마을과 가까운 다가동, 관공서가 모여 있는 효자동, 그리고 혁신도시가 자리 잡은 완주 이서면까지. 각기 다른 분위기의 지역에서 손님들을 맞이하고 있다.

돈카츠의 기본은 바삭한 튀김옷과 촉촉한 속살, 그리고 입안 가득 퍼지는 육즙이다. 하지만 이 기본을 매번 완벽하게 지켜내는 곳을 찾기는 쉽지 않다. 흑심에서는 돼지고기를 수일 동안 교차 숙성한 후 최적의 온도에서 튀겨내, 겉은 바삭하면서도 속은 부드러운 돈카츠를 선보인다. 한 입 베어 물면 맛의 차이가 느껴진다.

대표 메뉴로는 로스카츠 정식(등심), 히레카츠 정식(안심), 그리고 한정 판매되는 특상 로스카츠 정식이 있다. 특히 다양한 소스와 곁들이면 또 다른 맛의 세계가 열린다. 트러플오일의 은은한 향, 톡 쏘는 겨자, 그리고 단순하지만 깊이 있는 소금까지. 맥주와 하이볼 같은 주류도 판매하고 있어, 가벼운 술 한잔 곁들이기에도 그만이다. 바삭한 돈카츠 한 입, 시원한 하이볼 한 모금. 하루의 피로가 말끔히 사라지는 조합을 추천한다. (나보배)

현지인이 자신 있게 추천하는 일식 노포 동락은 전주에서 보기 드문 민어 전문점. 전라감영길 좁은 골목 끝, 제대로 찾아왔다는 느낌이 들 무렵 손님들로 북적이는 낡은 식당이 나타난다. 오래된 공간 특유의 친근한 분위기를 지닌 동락은 40년 전통을 자랑하며, 20대부터 80대까지 손님층도 다양하다. 민어 전문점이지만 기본적으로는 일식집이라 초밥, 회덮밥, 생선탕 등 식사류 구성도 충실하다.

한 입 먹는 순간 고개를 끄덕이게 되는 맛, 그게 바로 동락

대표 메뉴는 민어회와 광어회, 그리고 동락만의 어묵 안주. 이 어묵은 '소주 각 1병을 부르는 안주'로, 아는 사람들 사이에선 따로 찾는 이도 많다. 식사 메뉴를 주문해도 상차림이 남다르다. 민어회무침과 민어회, 삶은 문어와 깐 새우가 넉넉하게 곁들여져 있어, 처음 방문한 이들은 인심에 먼저 놀라고, 맛에 다시 놀란다. 회와 국물, 밥과 반찬의 조화가 잘 어우러져 있어 한 끼 식사로도 만족도가 높다.

위치도 좋다. 한옥마을과 가깝고, 영화의거리가 있는 객사에서도 멀지 않다. 전주에서 특별한 생선요리를 찾고 있다면 이곳을 추천한다. 민어회, 민어탕, 복요리처럼 흔치 않은 메뉴를 제대로 즐길 수 있는 몇 안 되는 곳이다. (임주아)

↓
골목 사이로 난 좁은 입구에 위치해 있다. 40년 가까이 민어 요리를 전문으로 해온 노포.

동락

동락의 민어탕(지리) 한상. 큼직한 뚝배기에 다양한 밑반찬이 풍성한 한 끼를 구성한다.

동락
초밥, 회덮밥, 생선탕 등 식사류 구성도 충실한 민어 전문점.

주소 전주시 완산구 전라감영5길 15-5
전화 063-284-7454
오픈 매일 11:00~21:30 휴게시간 14:40~17:10

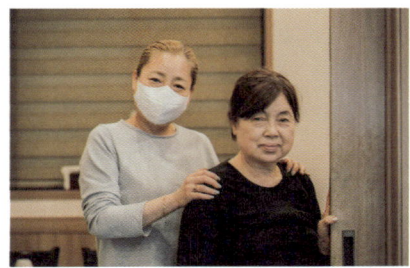

2002년 개업 이후 함께 강담일식을 운영하는 정진숙, 장윤영 모녀.

정갈한 기본 반찬이 말해주는 것

전북대 정문 건너편 대로변에 자리한 강담일식은 단골이 많기로 소문난 집이다. 특히 교수들이 자주 찾는 곳이라 '교수 맛집'으로도 통한다. 일식집이지만 의외로 보리굴비로 더 유명해졌는데, 검색창에 "말이 필요 없는 밥도둑 보리굴비"라는 후기를 어렵지 않게 찾아볼 수 있다.

이곳의 진짜 매력은 정갈한 기본 반찬에 있다. 공깃밥 두 공기를 부르는 굴무침, 자꾸 손이 가는 탱글한 도토리묵, 적당히 구운 생김과 찰떡궁합인 멸치양념까지 맛보면 왜 단골이 많은지 단번에 알 수 있다. 반찬 하나하나에 정성이 배어 있다.

강담일식의 본령은 회. 특히 점심시간에도 즐기기 좋은 회정식이 인기다. 오래 사랑받는 식당에는 늘 특별한 분위기가 있는데, 이곳 직원들에겐 일종의 '포스'가 있다. 살갑진 않지만 질서 있는 응대, 정확한 음식 설명, 오래 함께 일한 듯한 안정감 속에 음식에 대한 자부심이 묻어난다. 격식 있는 식사 자리에도 잘 어울린다. 단골이 많은 만큼 예약은 여유 있게 하는 편이 좋다. (임주아)

강담일식

64

↑
굴비정식에 차려지는
반찬들. 경종김치, 도토리묵,
멸치양념, 울외장아찌,
쪽파김무침, 섬초나물무침,
동태전, 김, 어리굴젓,
들깨고사리무침.

강담일식
전주에 몇 남지 않은
정통 일식집이라 더
귀하게 느껴지는 곳.
주소 전주시 덕진구
백제대로 610
전화 063-278-2770
오픈 매일 12:00~22:00

65

↑ 세월의 흔적을 간직한 중화요리의 성지.
간판에서 느껴지는 전주의 대표 노포의 포스.

대보장

대보장
미리 받은 야쿠르트 한 병은 나가면서 입가심으로.

주소 전주시 완산구 전라감영4길 3 1층
전화 063-282-2880
오픈 매일 11:30~14:00

> 오전 11시 반부터 오후 2시까지,
> 짧게 열렸다 닫히는 맛의 장소

노포에 들어가면 여기다 싶은 상서로운 기운이 흐르는 곳들이 있다. 대보장도 그렇다. 간판부터 범상치 않은데 60년도 더 됐다고 한다. 화교가 운영하는 식당으로 넷플릭스 〈짜장면랩소디〉에도 소개됐다. 전주에선 그 전부터 유명한 간짜장 맛집이었다.

여긴 주특기가 식감이다. '채소의 익힘 정도가 중요하다'던 유명 셰프의 말처럼, 윤기 흐르는 짜장 소스에 파릇한 부추, 아삭아삭 양파·양배추가 예쁘게도 담겼다. 면발은 가늘고 탱글하다. 면기에 조금씩 넣어가며 간을 맞춰보자. 소스에 잘 비벼지는 편은 아니다.

이 집은 첫 주문 후 추가 주문이 안 된다. 자주 가기 어렵다면 탕수육도 시켜야 한다. 낡은 물병에 담긴 보리차를 홀짝거리다 보면 금세 나온다. 옛날식 노란 튀김옷에 새콤달콤한 소스를 따로 낸다. '덴뿌라'를 아는 사람은 소금이나 간장을 찍어 먹어보자. 오전 11시 반부터 오후 2시까지 점심 장사만 하는 곳, 주차는 근처 사설 주차장에 하면 된다.

(김달아)

⊙ 영업시간이 짧아, 한번 간 김에 간짜장 외에도 탕수육까지 시키길 권한다.

(↑)
고사동 최고의
가성비 식당 백화짬뽕의
수수한 인테리어.

instagram

(→)
"이 동네 고사동 분들이 부담 없이
식사하시라고 식당을 차린 거예요."
– 이승재 대표

백화짬뽕
요리사 사장님이 직접
조리한다. 가격이
저렴한 이유 중 하나.

주소 전주시 완산구
전주객사3길 12-21
전화 0507-1438-1114
오픈 월, 수-일 11:00~
17:00, 화요일 휴무

전주에서 이보다
가성비가 넘치는
중식당은 없을 것이다.
전주를 대표하는 중식 물짜장이
있을 정도로 전주에는 중식당이 상당히
많은데 그중에서 백화짬뽕은 가격으로
다른 식당들에 시원한 잽을 날리는 식당이다.

**가성비 중국음식점,
그렇다고 맛이 없냐?**

  그렇다고 양이 적거나 맛이 없냐? 간짜장은
막 볶은 양파의 단맛과 볶은 춘장의 짭짤하고
고소한 맛이 어우러져 입맛을 돋우고 탕수육은
적당한 두께의 고기에 얇고 바삭하게 튀김옷이
발라져 있어 겉바속촉을 자랑한다. 간짜장은
공기밥을 주문한다면 짜장밥을 먹을 수 있을
정도로 짜장 소스도 충분하고 1인 탕수육은
탕수육이 수북이 쌓여 나온다. 짜장면이나 짬뽕
외에도 멘보샤(5p), 군만두(6p)까지 선택할 수
있다. 전주영화제작소 근처에 있는 백화짬뽕은
전주 어느 식당과 비교해도 가격 대비 양과 맛
모두 훌륭하다는 점에서 꼭 가봐야 할 식당이라
할 만하다. (고재혁)

백화짬뽕

67 전주칼국수

전주시외버스터미널에서 8분 정도 걷다 보면 도착하게 되는 평범한 동네 식당. 점심이면 신발장이 켜켜이 쌓인 신발들로 어지럽다. 보통 오전 11시20분부터 사람들이 오더니 오후 1시20분까지 만석이다. 4인석을 채운 전주교육청 직원들과 어느 외국인 아가씨, 동네 꼬꼬마와 어르신, 모두들 칼국수를 후루룩후루룩 먹는다. 가격도 싼 데다 양을 많이 달라고 하면 그릇이 넘치도록 담아 준다. 메인인 칼국수뿐만 아니라 돌솥비빔밥은 (내 기준에) 한옥마을의 비빔밥 못지않다. 곁들여오는 작은 칼국수는 행복한 덤.

음식으로 이어지는 교분, 넉넉해서 훈훈한 식당

회사 다니면서 행복할 때는 시간이 애매하게 남을 때 이곳에서 칼국수를 먹는 기쁨을 느낄 때다. 여름이면 콩국수와 쫄면, 겨울에는 비빔밥과 보쌈도 빼놓을 수 없고. 한 가지, 만두는 옆 분식집에서 만들어서 가져오는데, 이것 또한 별미다. 분식집에 들러 계산을 하면 10여 분 후에 따끈한 만두를 받을 수 있다. 이 만두가 평범한 듯하면서도 잊히지 않으니 기회 되면 맛보시길.
(이휘빈)

↓
가격이 저렴한 데다 양도 많다. 일단 기본이 곱빼기.

web site

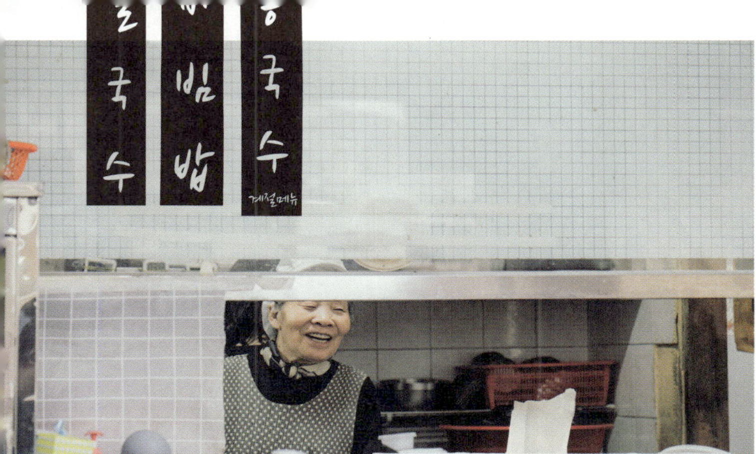

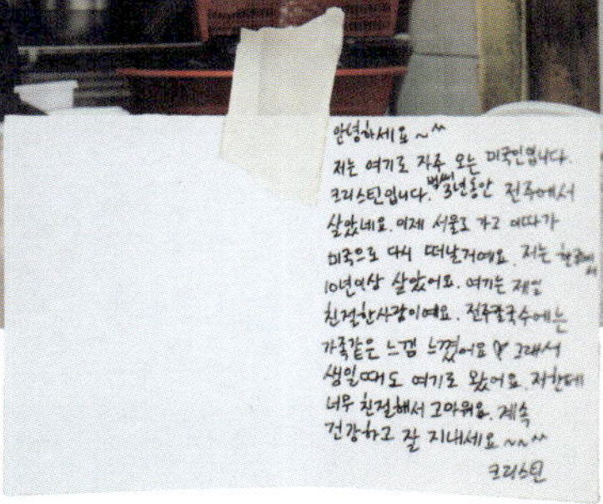
안녕하세요 ~^^
저는 여기로 자주 오는 미국인입니다.
크리스틴입니다. 벌써 3년동안 전주에서
살았네요. 이제 서울로 가고 이따가
미국으로 다시 떠날거에요. 저는 한국에서
10년이상 살았어요. 여기는 제일
친절한사람이예요. 전주칼국수에는
가족같은 느낌 느꼈어요 ♡ 그래서
생일때도 여기로 왔어요. 저한테
너무 친절해서 고마워요. 계속
건강하고 잘 지내세요 ~^^
크리스틴

주방의 할머니와 손님들 간에 오가는 대화가 정겹다. 단골손님 미국인 학생이 전주를 떠나면서 남긴 손편지.

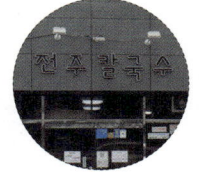

전주칼국수
이곳에서 칼국수를 먹는다는 것, 7500원의 행복.

주소 전주시 덕진구 태진로 122-6 1층
전화 063-274-2002
오픈 월-토 11:00~20:00 휴게시간 15:00~17:00, 일요일 휴무

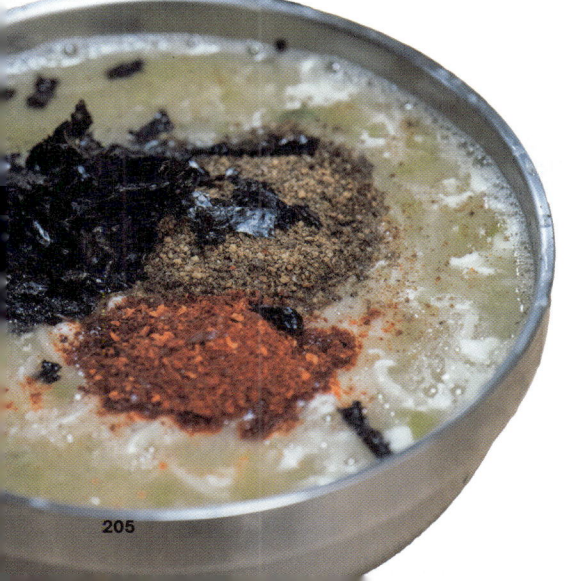

백송회관
한 그릇 식사, 탕, 고기류 그리고 이 집의 진가를 보여주는 육회비빔밥.

주소 전주시 완산구 기린대로 177
전화 063-282-5001
오픈 매일 10:00~22:00

백송회관

① 육회비빔밥 한 상 차림. 밥솥을 카트에 싣고 와 그 자리에서 퍼준다.

한번 맛보면 잊히지 않는 온기가 남는 곳

68

전주시청 옆에는 38년 전통의 한식당, 백송회관이 있다. 점심시간이면 근처 회사원들로 붐비고, 저녁이면 나이 지긋한 어르신들의 모임 장소가 된다. 이 식당이 얼마나 오랫동안 사랑받아왔는지 짐작할 수 있는 풍경이다.

메뉴는 크게 세 갈래다. 비빔밥과 갈비탕 같은 한 그릇 식사, 불낙전골과 갈낙전골 같은 탕류, 그리고 한우꽃살이나 유황오리로스 같은 고기류가 있다. 그중 육회비빔밥은 이 집의 진가를 보여주는 대표 메뉴. 밑반찬은 푸짐함을 넘어서 감탄이 나올 정도다. 어떤 메뉴를 주문하든 육회나 육사시미가 기본으로 곁들여지고, 정성스럽게 차려진 한 상이 나온다. 밥은 즉석에서 솥밥으로 퍼 담아주고, 식사 뒤에는 따뜻한 숭늉까지 준다.

백송회관은 주인장 부부가 함께 운영한다. 가게 이름은 부부가 여행 중 마주한 천연기념물 '백송'에서 따왔다고 한다. 그 이야기를 듣고 나니 이 식당이 오래도록 사랑받는 이유가 조금 더 깊이 와닿는다. 전주에 이런 식당이 있다는 건, 여행자의 마음이 덜 외로워진다는 뜻일지도 모른다. (임주아)

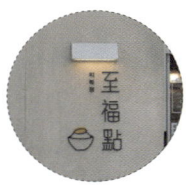

지복점
숯불에 구운
함박스테이크,
각종 소스를 더해 한 입
먹으면 표정이 함박!
주소 전주시 완산구
풍남문4길 15-25 1층
전화 0507-1399-5266
오픈 화-일 11:50~21:00
휴게시간 15:00~17:30,
월요일 휴무

지복점

← 숯불에 구운
함박스테이크의
맛은? 불향과 육향의
행복한 조화!

입안 가득 느껴지는 '지극한 복'

69

전주에서 유일하게 숯불 함박스테이크 정식을 파는 지복점은 메뉴만으로도 전주의 식당 중 독특한 식당이라 할 만하다. 숯불에 구운 함박스테이크를 하얀 쌀밥과 먹으면서 다양한 반찬 소스를 얹어 먹을 수 있는데 가격, 양, 맛 3박자를 고루 갖춘 곳이다. 우선 가격과 양부터 살펴보면 숯불에 구운 함박스테이크 3덩이에 밥 한 공기와 장국, 달걀노른자가 곁들여진 다레 소스, 낙지젓, 청양고추절임, 표고와사비 등이 함께 나온다는 점을 감안하면 한 끼 식사로 가격이 아깝지 않다.

맛도 빠지지 않는다. 함박스테이크는 불향과 육향이 부드러운 육질에 감칠맛을 더해 입맛을 돋우고 다레 소스, 표고와사비, 낙지젓, 청양고추절임 등 반찬 소스를 곁들여 자기만의 함박스테이크를 즐길 수 있다. 개인적으로 추천하는 반찬 소스는 함박스테이크 불향의 감칠맛과 잘 어울리는 표고와사비나 단짠한 소스에 꼬들꼬들한 식감의 낙지젓. 반찬 소스 외에도 카레 소스 혹은 크림 소스를 주문해 즐기는 방법까지 있어 이름 그대로 다양한 방식으로 입안 가득 '지극한 복'을 느끼게 해주는 식당이다. (고재혁)

반찬 소스를 곁들이면 자기만의 함박스테이크 완성.

instagram

맛의 도시 전주에서 빼놓을 수 없는 카테고리이자
한국인의 소울푸드인 국밥. 한국인에게 국밥은
단순한 요리가 아닌 맛과 정성이 집약된 한국의 전통
음식이다. 국밥 한 그릇에는 진한 육수와 함께 다양한
부재료가 어우러진 소박한 정서가 있다.
　　각기 다른 재료, 맛, 스토리를 통해
전주의 맛을 전하는 국밥 명소 20곳을
방문했다. 한 끼 이상의 포만감을
안겨주는, 전주 국밥집들.
글·사진: 더전주(instagram@thejeonju)

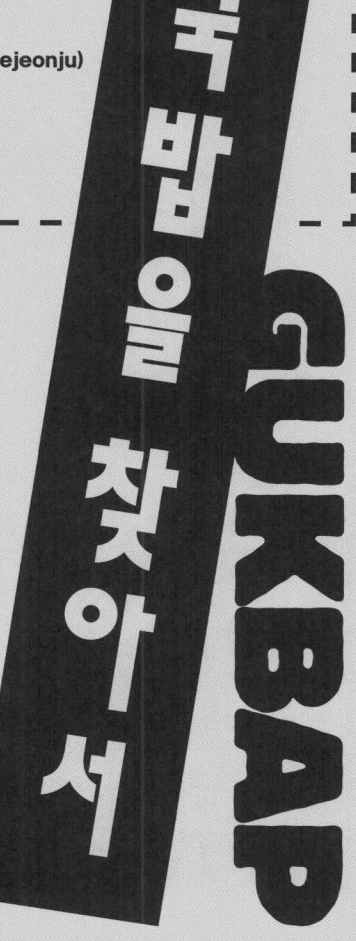

국밥을 찾아서 GUKBAP

하루에 100그릇만 한정 판매하는 곳으로, 전주 현지인은 물론 유명인들도 많이 다녀간 국밥 맛집. 진하고 깊으면서 깔끔하기까지 한 국물이 일품이다. 최고급 한우1++시래기탕과 황태국밥 2가지만 판매한다.

목로국밥

70

목로국밥
주소 전주시 완산구 메니머길 24
오픈 6:00-13:30, 매듭 둘째, 넷째 월·화 휴무

깔끔하고 개운한 국물의 콩나물국밥.
단일 메뉴로 콩나물국밥만 판매한다.
(오징어 추가 추천) 기본찬인 새우젓무침과
밥을 김에 싸 먹는 게 이 집의 킥.

혜연옥
주소 전주시 완산구 선너머3길 12
오픈 월-토 6:00~14:00, 매주 일요일, 매달 마지막 월요일 휴무

혜연옥

71

전주 남부시장 내에 위치한, 1979년부터
매일 운영 중인 전주남부시장식
콩나물국밥의 원조. 전국 체인점을
보유하고 있으며, 맑고 시원한
감칠맛으로 다수에게 사랑받는 브랜드.
오징어 추가 추천.

현대옥 남부시장점

72

web site

현대옥 남부시장점
주소 전주시 완산구 풍남문2길 63
오픈 매일 6:00~14:00

전주 남부시장 내에 위치한 전국적으로
유명한 순대국밥 맛집. 잡내 없는 부드럽고
알찬 피순대와 칼칼한 국물로 늘
문전성시를 이루는 곳. 여행자들의 방문
필수 코스 중 한 곳.

조점례남문피순대
주소 전주시 완산구 풍남문2길 39
오픈 매일 6:00~22:00

조점례 남문 피 순 대

73

전주 남부시장 내에 위치한 전주 로컬 순대국밥 맛집.
깔끔한 국물과 잡내 없는 피순대로 많은 분들에게
사랑받는 식당. 깻잎에 싸 먹는 피순대가 별미다.

74

옛날피순대

옛날피순대
주소 전주시 완산구 종남문2길 63
오픈 매일 24시간 운영

어린이가 어른이 되어서도 단골인 곳이자
선지해장국으로 유명한 애주가들의 성지 노포 식당.
인공조미료를 넣지 않는 곳, 넉넉한 인심이 느껴지는
푸짐한 양, 저절로 해장되는 국물까지 훌륭하다.

양평해장국 본점

75

양평해장국
주소 전주시 덕진구 어은로 116
오픈 매일 5:00~21:00

전주로 축구 원정 오시는 분들의 필수 코스 식당. 깔끔하고 간이 좋은 국물, 잡내 없는 피순대, 푸짐한 양까지. 깻잎에 양파무침과 피순대를 싸 먹는 게 별미다.

큰집피순대 본점

76

큰집피순대 본점
주소 전주시 덕진구 덕용4길 4
오픈 월-토 9:00~22:00 일 9:00~21:00, 매달 둘째, 넷째 화요일 휴무

팔복동 공장 단지 내에 위치한 직장인 점심 맛집이자 전주의 숨은 국밥 맛집. 순두부, 돼지, 내장국밥이 있으며, 돼지국밥은 푸짐한 육개장 스타일이다. 오전 11시부터 오후 3시까지만 운영.

김가네얼큰이국밥
주소 전주시 덕진구 팔복로 209
오픈 월-토 11:00-15:00, 일요일 휴무

김가네얼큰이국밥

77

잡내 없는 피순대부터 순대볶음까지 유명한 식당. 고사리와 버섯이 들어가는 얼큰하고 푸짐한 술국(피순대+머릿고기+내장)은 해장에도 제격이다.

78

정수진풍년순대

정수진풍년순대
주소 전주시 완산구 중화산로103
오픈 9:00~23:00,
일요일은 21시 마감

instagram

마니아층이 두꺼운 전주 현지인 순대국밥 맛집. 이 집의 피순대는 여느 식당과는 텍스처가 다르다. 피순대, 내장, 머릿고기, 팽이버섯이 들어가 있고, 갈지 않는 통깨를 넣어 곁들여 먹는 게 특징.

동원순대집

동원순대집
주소 전주시 완산구 쑥고개로 391
오픈 7:00~22:00, 일요일은 21시 마감

79

기름기가 있는 국물에 알찬 내용물이 들어 있는 순대국밥으로 많은 이들에게 오래 사랑받는 전주 로컬 맛집. 단독 식사보다는 반주가 더 잘 어울리는 순대국밥. 잘 익은 김치 또한 이 집의 킥!

아줌마순대국밥
주소 전주시 완산구 서신천변13길 6
오픈 10:00-22:00, 일요일 휴무

아줌마 순대국밥

80

팔펄펄 끓이지 않는 국밥이라 콩나물의
아삭함이 살아 있는 콩나물국밥이 특징인 집.
오징어가 넣어져 나오는 국물은 신라면
정도의 맵기로 칼칼하고 감칠맛이 강하다.
시원한 맛의 김치는 국밥과도
잘 어울린다.

81

전주왱이콩나물국밥전문점
주소 전주시 완산구 동문길 88
오픈 매일 7:00~21:00

전주왱이콩나물국밥전문점

송천동에서 전국으로 퍼진 맛집. 육개장의 상위 버전이라 느껴지는 얼큰하고 깊은 국물과 실한 고기와 야채들의 우신탕! 기본으로 나오는 솥밥은 마지막에 숭늉으로 즐기면 식사의 마무리로 좋다.

두거리 우신탕 본점

82

두거리우신탕 본점
주소 전주시 덕진구 동부대로 1106
오픈 10:00~21:00, 일요일 휴무

신라스테이 전주 근처에 위치한 오래된 전주 현지인 맛집. 진한 국물과 알찬 고기로 어르신들의 오랜 단골집이자 전주국제영화제 때 영화인들이 꼭 들른다는 맛집! 모듬 수육도 유명한 곳.

연지본관

83

연지본관
주소 전주시 완산구 현무1길 15
오픈 매일 9:00~21:00

푸짐한 소고기가 한가득 들어 있는 국밥 맛집.
식사 초반에 고기를 김치에 싸 먹으면 꿀맛인데,
푹 익은 김치가 아니어서 배추의 식감과
부드러운 소고기의 육질이 어우러지는 게 별미!

원조효자소머리곰탕

원조효자소머리곰탕
주소 전주시 완산구 신봉로 37
오픈 11:00~21:30, 휴게시간
15:00~16:30, 일요일 휴무

84

전북특별자치도립국악원 맞은편 방면에 위치한 개조된 한옥에서 즐기는 뽀얗고 깔끔한 국물의 설렁탕집. 부드러운 고기와 소면을 함께 즐기고, 오징어젓갈과 김치를 곁들여 먹기 좋다.

85

족보 설렁탕

족보설렁탕
주소 전주시 덕진구 송천중앙로 25
오픈 매일 10:30~21:00

항정살을 사용하는 부산식 돼지국밥 스타일의 국밥집. 일체의 간을 하지 않는 뽀얀 사골 국물이 일품인 곳이다. 국밥만큼 유명한 메뉴인 '수백'은 야들야들한 항정살 수육, 사골국물, 보쌈김치, 쌈 채소와 함께 나온다.

도담국밥앤수육
주소 전주시 덕진구 세병2길 31-7
오픈
월~토 8:00~21:00
일 10:00~14:00

86

도담국밥앤수육

70년 전통, 허영만 화백의 『식객』에 나온 곳. 간판 없는 국밥집인데 하루에 300그릇만 판다고 해서 '삼백집'이란 이름이 붙었다. 현재는 그릇 수 제한이 없으며 개운한 국물로 유명하다.

삼백집
주소 전주시 완산구 전주객사2길 22
오픈 매일 6:00~22:00

87 삼백집

web site

실한 내용물과 칼칼한 국물의 순대국밥으로 명성이 자자한 전주 로컬 맛집. 순대전골도 유명한 곳. 새콤한 상추겉절이와 푸짐하게 나오는 부추에서 전주의 인심이 느껴진다.

호성순대

88

호성순대
주소 전주시 덕진구 호성2길 7-12
오픈 매일 8:00~22:00

전주고속터미널과 가깝고 〈식객 허영만의 백반기행〉에 나온 곳. 진하고 깊은 국물에 투박하지만 부드럽고 푸짐한 부속 고기, 터프한 피순대로 유명하다. 냄새에 예민하신 분들은 조금 어려울 수도 있는 곳.

금암피순대

89

금암피순대
주소 전주시 덕진구 기린대로 400-61
오픈 매일 10:00~22:00

주점

전주의 밤은 전통 주점에서, 학사주점에서,
와인 바에서, 레스토랑에서, 위스키
전문점에서, 수제 맥주 하우스에서,
그리고 가맥집에서 깊어만 간다.

90

한옥마을 노을 보며 걷다가 봄밤 테라스에 앉아

노매딕 비어가든은 전주 한옥마을의 고즈넉한 수제 맥주 맛집이다. 구옥을 개조해 만든 가게는 테라스가 딸려 있어 더 매력적이다. 이곳은 전주에서 수제 맥주를 만드는 브랜드 '노매딕 양조장'이 낸 직영 2호점이다. 메뉴가 다양한데 도수에 따라 레벨1(순한 맛), 레벨2(중간 맛), 레벨3(강한 맛) 3개로 구별되어 있다.

시그니처 메뉴인 '노매디카'를 시작으로 '글램핑'과 '한옥 스테이'를 주문해보자. 짙고 달콤한 흑맥주 맛을 즐기고 싶다면 '쇼콜라틀'도 추천한다. 루트비어, 크림소다, 진저에일 등 논알코올 음료도 준비돼 있다. 기본 안주론 갓 튀긴 팝콘이 나온다. 메인 안주는 가릴 것 없이 다 맛있지만 초리소, 치즈, 견과류, 바질 페스토와 호밀크래커가 있는 '살라미 플레이트'를 추천한다. 비주얼이 특별한 먹태와 바삭한 감자튀김도 좋다. 맛집의 특징은 메뉴판의 진심에 있는 걸까. 읽다 보면 빠져드는 메뉴판엔 주인장인 국제부부의 영화 같은 러브 스토리도 있다. 해 질 녘 한옥마을 노을을 보며 걷다가 봄밤 테라스에 앉아 수제 맥주를 사이에 두고 이야기꽃을 피워보자. 단체 모임은 물론 혼술도 무리 없다. 노매딕 비어가든의 분위기를 대체할 수 있는 전주의 수제 맥주 집은, 없다. (임주아)

노매딕 비어가든

↑
여러 맥주를 즐길 수 있는 분위기의 인테리어.
맥주 탭 앞에서 선택의 순간, 오늘은 어떤 맛을
탐험할까?

↑
한옥마을 노매딕 비어가든. 밤이면 아름다운 조명의
로맨틱 공간으로 변신한다

노매딕 비어가든
전주 한옥마을 한적한 길에 위치한 노매딕 2호점.
전주에서 장수하고 있는 신뢰의 수제 맥주 집.

주소 전주시 완산구 향교길 57
전화 0507-1492-2315
오픈 매일 15:00~24:00

ⓐ 붉은 색감이 매력적인 오트에일 카우보이, 라거 애호가에게 추천하는 클래식 스타일 글램핑, 노매딕의 시그니처 흑맥주 나잇워크.

ⓑ 이스트 미트 웨스트(East Meet West) 가게의 무드를 보여주는 '노매딕' 스타일의 패브릭과 머천다이즈.

instagram

← 메인 서비스 공간 바 테이블. 도로와 면한 자바라를 걷으면 유럽 소도시 노천카페 & 바를 연상케 하는 공간이 연출된다.

까사 데 알마
'술과 음악 그리고 사람이 있는 복합 문화 공간'을 표방하는 음식점. '영혼의 집'이란 뜻을 가진 까사 데 알마는 방문객에게 영감을 선사하려는 공간임을 자임한다.

주소 전주시 완산구 홍남산로 83-21 1층
전화 0507-1332-6634
오픈 월~토 9:30~24:00 일 17:30~24:00
휴게시간 15:00~17:30

↓ 직사각형 모양의 얇은 면을 알라 볼로네세, 베샤멜 소스, 파르미자노레자노 치즈 등의 재료와 함께 쌓아 올린 라자냐. 시칠리아 친구에게 전수받아 개발한 메뉴.

까사 데 알마

**음악이 흐르는 와인의 집,
전주 최고의
유럽풍 바 & 레스토랑**

전주 신시가지의 화려한 네온사인을 뒤로하고, 한적한 골목 끝자락에서 낮은 음악 소리가 흘러나오는 공간. 조명이 은은하게 비추는 테라스, 통유리 너머로 보이는 와인 선반, 그리고 감미로운 멜로디를 선사하는 무대까지, 이곳이 바로 까사 데 알마(Casa de Alma)다.

단순한 와인바가 아니다. 이름처럼 '영혼의 집'이라 불리는 이곳은 음악과 와인이 어우러지는 특별한 공간이다. 유명 뮤지션부터 독창적인 색깔을 지닌 신예 아티스트들까지 다양한 이들이 이 무대를 거쳐 갔다.

까사 데 알마의 공연은 배경음악을 넘어선다. 무대와 객석이 하나 되어 아티스트와 관객이 긴밀하게 교감하는 것. 와인 한 잔을 손에 들고, 눈을 감으면 노랫말이 더욱 선명하게 마음에 와닿는다. 가끔은 관객이 자연스럽게 노래를 따라 부를 때, 어느새 바는 작은 콘서트장이 된다. 와인과 음악이 함께하는 이곳에서는 시간마저 천천히 흐르는 듯하다. (김미진)

(↑) 주인장이 손꼽는 시그니처 메뉴는 피렌체식 티본스테이크. 트러플 프라이 (감자튀김)는 덤.

instagram

91

오스쿠로는 스페인어로 '어두운'이란 뜻. 문을 열고 들어서면 조명이 낮게 깔린 공간이 펼쳐진다. 빛이 흐르지 않는 만큼 다른 감각들이 활성화된다. 잔을 기울일 때 코끝을 스치는 향, 접시에 놓인 음식이 만들어내는 질감, 그리고 나지막한 목소리로 오가는 이야기들. 이곳에서는 조명이 아니라 맛과 향, 분위기가 중심이 된다.

어둠이 주는 위로, 오스쿠로에서의 한 잔

오스쿠로의 메뉴는 매번 새로운 옷을 입는다. 계절이 바뀔 때마다 신메뉴를 내놓는 이곳은 맛의 실험실이기도 하다. 흔히 볼 수 없는 유러피언 요리들이 와인과 함께 곁들여지는데, 그것은 단순한 조합이 아니라 긴밀한 대화처럼 느껴진다. 오스쿠로는 와인 바라기보다는 '반주를 위한 공간'에 더 가깝다. 특정한 술이 아니라 '어떤 음식과 함께할 때 더 빛을 발하는가'가 중요한데, 와인과 소스, 그리고 요리의 조합이 서로를 보완하고 강조하는 방식으로 설계되어 있다. 바깥의 밝고 시끌벅적한 세상과 단절된 채, 나만의 속도로 한 잔을 기울이고 싶다면 이곳이 제격이다. (김미진)

↓
오스쿠로의 메뉴들. 파프리카 토마토 소스와 알리올리 소스가 조화롭게 어우러진 대구 요리(맨 위).

instagram

→
이달의 요리로 '아이리시 비프 스튜 feat. 미나리'. 한국 갈비찜과 비슷하다고 할 수 있는 고기와 채소를 맥주에 함께 오랜 시간 끓여 만든 요리.

오스쿠로
어두워서 오히려 감각이 집중되는 곳. 계절의 변화에 따라 새로운 메뉴를 선보이는 곳.
주소 전주시 덕진구 전주천동로 394 1층
전화 0507-1317-4356
오픈 화-목 18:00~24:00 금-토 17:00~1:00 일-월 휴무

오스쿠로

(↑)
메이저한 스카치 몰트 말고도 각종
독립병입자 보틀이나 뉴월드 위스키,
버번 등 치밀한 라인업을 갖췄다.

카페코모도
위스키에 의한, 위스키를 위한 장소.
위스키로 밟아가는 계단의 천국.

주소 전주시 완산구 현무3길 98 지하1층
전화 0507-1442-1339
오픈 일-목 20:00~3:00, 금-토 20:00~4:00

⬅ 몇몇 그림과 오브제가 있는 내부는 예술적인 감성이 돋보인다.

카페 코모도

instagram

위스키, 칵테일, 맥주… 당신을 놀라게 할 '코모도한' 액체들

93

"저희는 메뉴가 없습니다. 원하시는 취향을 알려주신다면 그에 맞춰 준비하겠습니다." 코모도는 '카페'라는 접두사를 붙였지만, 위스키로 방향을 잡았다. 메뉴를 없애고 자신 있게 권할 술만 채우며 홀로 가게를 지키는 어려움도 겪었다. 이제는 밀물처럼 찾아오는 여행객들과 동네 청년들, 홀로 마시는 술의 기쁨을 아는 어르신들이 찾는 낭만의 장소가 됐다.

이곳 사장님은 "아유, 나는 위스키만 팔고 싶어요"라고 말하지만, 칵테일(진피즈가 훌륭하다), 맥주(더체스, 라스푸틴), 커피 등의 음료도 숨어 있다. 기분에 맞는 한 잔을 기울이다 보면 옆자리 사람들과 이야기가 천천히 섞여간다. 말 그대로 'comodo'(평안하게) 한 공기에 안기는 느낌이다. 로컬과 함께하고 싶은 술집이라면, 평안함을 찾아 천천히 내려가시길. (이휘빈)

전주 객사에서 탄탄한 위스키 라인업에 시가를 함께 즐길 수 있는 바를 찾는다면 단연 몰트픽을 추천한다. 차분한 조명과 고풍스러운 인테리어의 편안한 분위기에서 바텐더분들의 추천을 받으며 위스키 혹은 칵테일을 즐길 수 있는 곳이다. 특히 안주 메뉴는 정해져 있지 않은 대신 매 시즌 달라지는 스몰 디시가 매력인 곳이다. 싱글과 블렌디드, 스카치와 버번 등 가리지 않고 100여 종의 위스키로 구성되어 있는 위스키 라인업을 비롯해 럼, 진, 데킬라, 브랜디 등 다양한 리큐어가 있어 고르는 행복도 쏠쏠하다.

몰트픽의 가장 큰 매력이라면 시가 바(bar)라는 점. 일반적인 담배와 달리 시가에서 나는 향이 특별한데, 처음 이곳을 방문했을 때 코로 느낀 시가의 스파이시한 숯불 향이 기억에 오래도록 남아 있다. 시가 향에 민감하지 않거나 새로운 향의 경험을 느껴보고 싶다면 몰트픽은 탁월한 선택이다. 시가에 별 관심이 없어도 괜찮다. 홀 좌석 쪽은 창을 열어 전주천변을 바라볼 수 있게 해 강변의 시원한 바람을 만끽할 수 있으니까. (고재혁)

전주 유일의 시가 바, 위스키 라인업도 특별

instagram

↓
싱글 몰트 위스키 테이스팅이 준비된 바 테이블. 여러 연산과 숙성 방식의 위스키를 비교하며 즐길 수 있다.

몰트픽

바 한쪽 벽면을 가득 채운 위스키와 주류 컬렉션. 싱글 몰트부터 블렌디드, 일본 위스키까지 폭넓은 라인업이 특징이다.

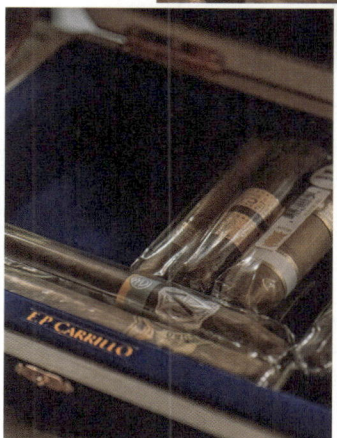

시가를 피울 수 있는 공간 시가 바. 쿠반과 논쿠반 시가를 갖추고 있다. 논쿠반이란 쿠바산이 아닌 남미 지역의 시가.

몰트픽
안주가 없는 대신 매번 달라지는 스몰 디시를 제공하는 전주 유일의 시가 바.

주소 전주시 완산구 전주천동로 246 2층
전화 0507-1327-2244
오픈 화-일 19:00~02:00, 월요일 휴무

① 1960년대 초 성주건 학사주점이 무드를 이어가는 곳. 문을 열면 황토벽에 쓴 빼곡한 글씨들. 젊은이들의 치기, 낭만, 분노가 갈겨진 낙서가 당신을 반겨준다.

길손네 학사주점
전북대학교 구정문 앞 전통주점. 오래된 학사주점 고유의 분위기, 자꾸 손이 가는 닭볶음탕이 트레이드 마크.
주소 전주시 덕진구 권삼득로 321 1층
전화 063-271-6453
오픈 10:30~22:00, 매달 둘째, 넷째 일요일 휴무

↑ 뜨끈한 뚝배기에 끓여져 나오는 닭도리탕. 보는 것과 다르게 별로 맵지 않다.

길손네 학사주점

95

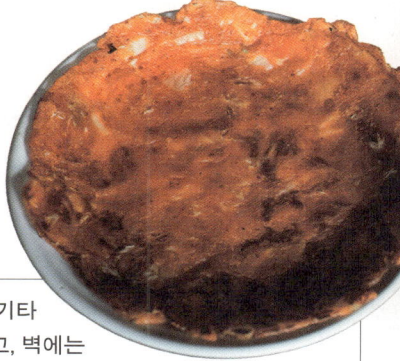

기본으로 내주는 김치전과 콩나물무침. 역시 그것만으로도 술안주가 될 정도로 훌륭하다.

1980년대 통기타 노래가 흐르고, 벽에는 낙서가 가득하며, 학생들이 호형호제하는 아들 직원과 주방 이모, 어머니가 있는 술집. 막걸리와 파전이 기본 메뉴로 있으며 대부분의 안주 맛이 좋은 집. 여느 대학가에서나 볼 수 있는 오래된 술집의 모습이다. 그런 정겨운 술집, 전북대 앞에도 물론 있다. 1983년부터 같은 자리에서 같은 모습으로 학교와 함께 나이 들어가는 곳, 바로 길손네 학사주점이다. 이곳의 대표 메뉴는 매콤한 닭볶음탕인데, 필자가 처음 먹어본 20여 년 전부터 최근까지 전혀 달라지지 않은 그대로의 맛을 자랑한다. 한 끼 식사로도, 술안주로도 더없이 좋아 전북대 상권 전체에서 여전히 손꼽을 정도로 훌륭하다. 닭을 재료로 이용하는 오래된 집에서 날 법한 냄새도 전혀 없어 늘 깨끗한 닭만을 사용해 조리되는 듯한 정직함은 덤. 점점 더 세련되고 특별한 음식과 멋진 공간이 즐비해져 가는 와중에 세월의 누적과 변치 않는 단단함을 가진 가게의 맛은 힘이 세고 오래간다. 그곳을 애용하는 학생들과 반복해서 찾는 오래된 손님들이 그것을 보증한다. (황자양)

> 한 끼 식사, 술안주로도 완벽한 대표 메뉴 매콤한 닭볶음탕

전주에서 가장 전주스러운 바. 한옥과 모던바가 절묘하게 결합해 바 좌석은 모던하고 깔끔한 느낌이, 홀 좌석은 한국 고유 전통의 느낌이 살아 있다. 전통주 주점인 만큼 다양한 전통주가 전시되어 있는 바는 행복한 고민이 들게 한다.

반구절점의 '결정적' 매력은 탁주, 약주·청주부터 와인, 과실주까지 180여 가지의 전통주를 적당한 가격에 잔술로 마실 수 있다는 점. 다양한 전통주 코스가 있어 전통주가 처음인 사람, 입에 맞는 전통주를 찾지 못한 사람도 자신의 인생 전통주 혹은 최애 전통주도 만날 수 있을 곳이다.

안주의 맛도 훌륭하다. 파스타와 제육이 만난 제육 파스타, 버섯의 향과 바삭한 식감이 일품인 팽이버섯튀김, 바지락과 백합의 시원한 육수에서 바다 향을 느낄 수 있는 바지락 백합탕 등. 특히 전을 스틱으로 재구성한 부추새우전 스틱은 '겉바속쫀'의 식감이 정말 탁월하다. 반구절점은 전주의 맛과 멋을 느끼며 밤을 지새우기에 단연 최고의 장소다. (고재혁)

개성파 주당이 반색할 전통주점, 자부심 눌러 담은 안주의 맛도 탁월

(↑) 모던 전통주 바 반구절점. 바 테이블에 세팅되어 있는 시즌 코스(왼쪽)와 탁주 코스(오른쪽).

(↑)
'전'을 '스틱'으로 재현한 독특한 식감의
김치치즈전 스틱과 부추새우전 스틱. 뒤에
흐릿하게 보이는 메뉴는 고추장 양념으로
조린 토종 닭 다리살과 토종 쌀 '귀도'가
이채로운 토종닭쌀조림.

반구절점

⊖
시그니처 중 하나인 육회 타르타르.
수제 간장 양념에 무쳐 나오는데,
노른자 대신 치즈가 올려진 게 포인트.

instagram

반구절점
반구절점(半句絶點)은 문장 부호 '세미콜론'의 한국식 표현. 이야기가 아직 끝나지 않았다는 걸 의미하는 말로, 전통주 이야기를 계속하고 싶은 가게의 정신을 은유하는 상호.

주소 전주시 완산구 전라감영4길 20-4 1층 **전화** 0507-1369-8996
오픈 월·수, 금·토 18:00~02:00 일 17:00~24:00, 목요일 휴무

↓ 잔술을 주문하면 세트처럼 술 한 잔과 함께
입을 개운하게 하는 차도 함께 서비스한다.
우롱차나 녹차, 홍차 매화 꽃을 우리기도 하고
그때그때 마스터의 취향을 따른다.

instagram

소록

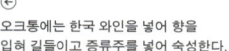
오크통에는 한국 와인을 넣어 향을 입혀 길들이고 증류주를 넣어 숙성한다.

소록
젊은 사장님이 탐구하는 우리 술. 잔술로 파는 데다 칵테일까지, 훌륭함에 만취.
주소 전주시 완산구 풍남문2길 53 2층
전화 0507-1406-4171
오픈 화-토 18:00~24:00, 일·월 휴무

'칠'하게 마실 만한 전통주 바

'우리 술을 큐레이팅 해주는 전통주 바' 소록은 2024년 겨울 오픈한 술집. 손님이 원하는 술의 특징을 말하면 적합한 것을 추천하는 식으로 서비스한다.

"드라이하고, 솔향 나며, 맑은 술 있나요?" 송로주가 나왔다. 솔잎이 아닌 소나무를 쪄서 만든 술이라고 하는데, 한 잔 마시니 시타델 진만큼 강렬하다. 옆에 앉은 커플은 전통주 칵테일을 요청한다. 전통소주를 베이스로 한 하이볼과 이강고를 베이스로 한 토닉을 내준다. 언젠가 사람들이 우리 전통주를 더 많이 마시게 되는 날을 기대한다는 소록. 우리도 이제는 소주와 맥주를 폭음하기보다 훤칠한 사장님이 권하는 술을 '칠'(chill) 하게 마시는 것도 좋지 않을까. (이휘빈)

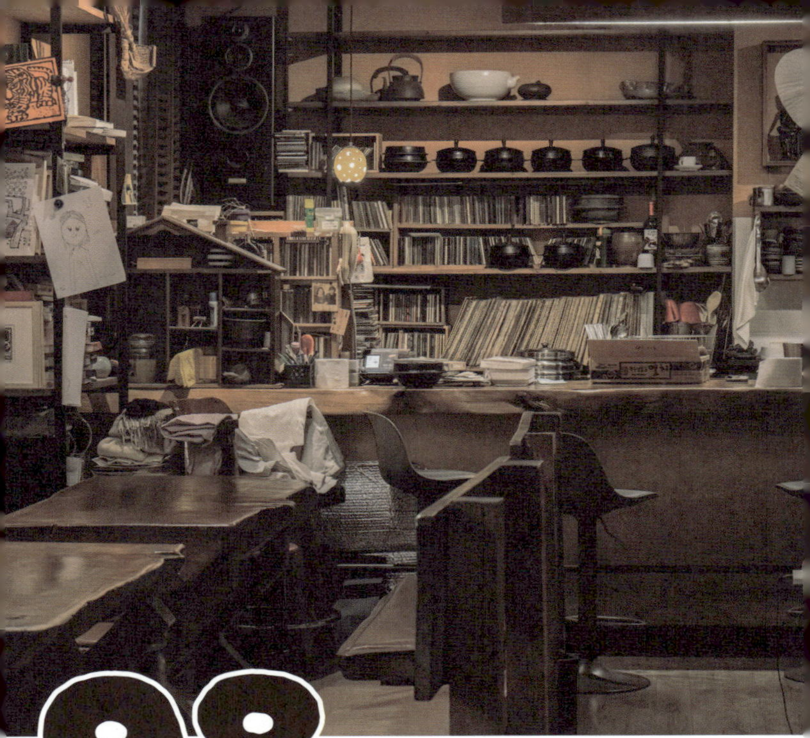

98

↑ 카운터와 조리를 겸하는 공간의 무쇠솥, 그릇, LP, CD 컬렉션.

새벽강

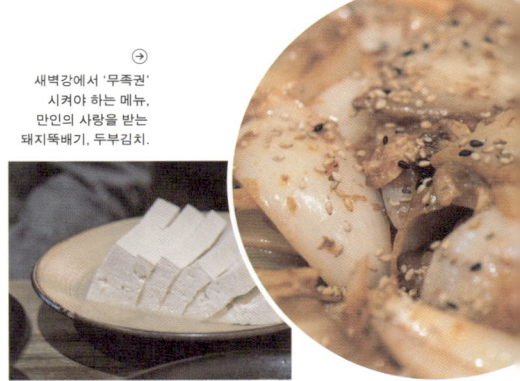

→ 새벽강에서 '무족권' 시켜야 하는 메뉴, 만인의 사랑을 받는 돼지뚝배기, 두부김치.

새벽강
자리를 몇 번 옮겼지만 여전히 전주에서 술 먹기 가장 좋은 곳. 따뜻하고 낭만적인 분위기까지도.

주소 전주시 완산구 전라감영2길 14
전화 063-283-4388
오픈 매일 17:00~23:00

'쪼'를 잃지 않는 담백한 주점

SNS 계정과 맛집 방송이 흔하지 않던 시절, '진짜' 맛집과 술집은 그것에 정통한 이들로부터 구전처럼 전도되듯 전해오곤 했다. 새벽강은 '전주의 모든 문화예술인들을 다 만날 수 있다'던 곳 중 하나인데, 그렇게 '잘 아는' 선배 혹은 어른들로부터 입으로, 동행의 시간들로 전해져온 곳이다.

↑
영화와 책 애호가로 알려진 새벽강 주인장의 초상.

전주 원도심 일대에서 세 차례나 위치를 옮겨가며 손님들을 맞아온 이곳은 현재는 웨딩거리-차이나거리 인근에 위치하며 오래전부터 그곳을 찾던 이들뿐 아니라 힙한 감성을 찾는 젊은이들과 여행자들에게도 널리 사랑받는 곳이 되었다. 특별함 없어 보이는 담백한 돼지뚝배기는 술 당번을 끊임없이 자리에서 일어나게 만들고(술은 셀프), 소면까지 넉넉하게 비벼 먹을 수 있는 골뱅이무침은 적당한 자극과 감칠맛을 제공한다. SNS나 방송에서 화제가 된 후 고유의 정체성과 태도를 잃어버려 다시 방문하고 싶지 않게 되는 가게들을 많이 접하지만, 이곳은 여행자들에게 알려진 후에도 팔 벌려 모두를 격하게 환영하지 않을뿐더러 음식 나오는 속도가 여전히 더디며, 조금은 무뚝뚝하고 불친절해 보일 수 있지만, 자신만의 '쪼'를 잃지 않은 채 여전히 방문한 이들 그리고 다음을 기약해야 하는 이들 모두를 만족시키고 있다. (황자양)

↑ 황태는 연탄불에 직접 굽는다. 불길과 연기 조절은 오랜 경험에서 비롯된다. 모든 과정은 실시간으로 이루어지며, 주문에 따라 반복된다.

가루까지 털어 먹고 싶은 황태의 맛

초원편의점

전주의 유명 가맥집들은 저마다 주무기가 하나씩 있다. 여기를 다른 사람에게 소개하기 전에는 꼭 '황태 좋아하세요?' 묻는다. 입구며 안쪽이며 요새처럼 잔뜩 쌓인 맥주 박스가 생경한데, 진짜 눈길을 끄는 건 따로 있다. 뻘건 연탄이 시계추처럼 오가며 황태를 노릇하게 구워내는 모습. 술기운이 살짝 오른 밤에 그 장면을 보노라면 이 집을 그냥 지나칠 수 없을 것이다.

사실 맥주와 마른안주의 궁합을 그다지 좋아하지 않지만, 초원편의점 황태는 다르다. 어떤 술에 먹어도, 심지어 맨정신에도 뭔가 더 고소하고 바삭하다. 여느 가맥처럼 이 집도 간장 베이스의 장을 내주는데, 마요네즈 있는 버전과 없는 버전 둘 다 훌륭하다. 잘게 썰어낸 대파향이 깔끔한 '노 마요네즈'가 이 집의 비법인 걸로 안다.

술은 술장고에서 셀프로 꺼내 먹으면 된다. 전주에는 하이트진로 공장이 있다. 회전율이 높은 유명 가맥이라면 어디든 갓 만든 맥주를 쉽게 즐길 수 있다. 사람이 너무 많거나, 가득한 술 냄새가 부담스럽다면 황태만 포장해서 숙소에서 먹어도 좋다. 일행 중 하나는 가루까지 다 털어 먹게 될 거다. (김달아)

←
황태의 명소, 초원편의점.
'가맥집'은 남녀노소,
간단한 안주, 셀프로
가져다 먹는 병맥주를
특징으로 하는 공간이다.

오징어는 망치로 두드려 질감을 부드럽게 한다. 가볍게 안주 삼기 좋은 메뉴로 꾸준히 인기가 있다.

술을 마시다 옆 테이블 손님과 스몰 토크를 하는 것도 가맥집의 여유와 낭만 중 하나. 초창기 전주국제영화제 시절을 회고하는 노년의 주객들.

초원편의점
형광등 쨍한 풍경에 당황스러울 수 있지만 저렴한 안주 가격에 한 잔 두 잔 기울이다 보면 왜 '전주' 하면 가맥집인지 알게 된다.
주소 전주시 완산구 풍남문3길 32-1 1층
전화 063-287-1763
오픈 화-일 12:00~24:00, 월요일 휴무

맛과 명성 여전한 원조 가맥집

가게에서 간소한 안주와 함께 맥주를 팔던 전주의 가맥 문화는 특별하고 맛있는 안주를 자랑하던 몇몇 가게들 덕에 전국적으로 알려졌다. 여행객들이 많아진 이후 한옥마을 주변의 동문거리, 동부시장 등지의 가맥집은 여행자들의 필수 방문 코스가 되었을 정도. 그중 최전선에서 독보적인 위치를 차지하고 있는 곳은 여전히 원조 가맥집 전일갑오다.

대학생 때 이곳의 바삭푹신한 황태포를 처음 맛보고 감탄사를 연발했던 기억이 여전한데, 그 황태포 구이는 전일갑오의 대표 메뉴로, 일반 맥주집에서 먹는 먹태와는 차원이 다른 음식이다. 먹태가 말리는 도중 기온 변화로 반건조된 상태임에 반해 황태는 3개월 동안 완벽하게 자연건조된 것을 말하는데, 이곳의 황태포 맛을 생각하면 틀림없이 실하고 좋은 제품을 쓰는 듯하다. 황태포와 맥주를 맛있게 먹고 나오는 길에 늘 자욱한 연기 속에서 연탄불로 황태를 굽고 있는 분들이 눈에 밟히고 왠지 죄송한 맘이 들어 인사 한 번 더 하고 나오게 되는 곳. 갈수록 대기 줄이 더 길어지는 것만 같다. (황자양)

↑ 술은 손님이 직접 꺼내 먹고, 나갈 때 몇 병인지 말해주면 된다. 3500원이라는 가격표가 선명하게 붙어 있다.

100 전일갑오

(↑) 술과 안주와 대화가 즐거운, 전주 가맥의 대표 선수 전일갑오.

(↙) 황태포는 바삭하게 구워져 테이블 위에 올라오고 곁들여 나오는 청양고추 양념장은 참깨와 마요네즈가 들어간다. 단순하지만 중독 주의.

전일갑오
황태포 외에 계란말이, 갑오징어 등 다른 메뉴들도 별미. 가맥집 특유의 왁자한 분위기는 한껏 술맛을 더해준다.

주소 전주시 완산구 현무2길 16 1층
전화 063-284-0793
오픈 월-토 15:00~1:00, 일요일 휴무

① 일종의 간이슈퍼이자 가맥집.
인스턴트 식품, 빙과류, 맥주 등 공원
방문객에게 필요한 것들을 판매한다.

물로 채워지지 않는 갈증을 느낄 때

덕진공원은 산책하기가 참 좋다. 호수 중앙에 여름이면 연꽃이 피어 그 향이 참 그윽하고 단아하다. 사방을 둘러보아도 아름다움이 걸려 있다. 큰 다리 중앙으로 도서관 연화정이 있다. 그 안에서 바라보는 호수도 좋고 책 보며 쉬어가기도 좋다.

　그렇게 산책을 하다 보면 배가 살짝 고프고, 더운 여름날엔 시원한 맥주도 한 잔 생각이 난다. 덕진공원 후문 주차장으로 나와 왼편으로 한나슈퍼라는 곳으로 간다. 시원한 병맥주에 꽁치조림이 참으로 일품이다. 더운 여름날 물로도 채워지지 않는 갈증에 차가운 병맥주 한 잔이 참으로 고맙다. (오힘)

← 전주로 시집와 대를 이어 같은 자리에서 가게를 이어가고 있는 주인장. 개업한 지 69년 됐다고.

한나슈퍼
덕진공원을 산책하고 시원하게 가맥을 즐기기 좋은 공간. 창에 비치는 덕진공원 연못과 연화정의 모습이 좋다.
주소 전주시 덕진구 창포길 45
오픈 평일 14:00 이후, 주말 9:00~21:00 (동절기는 유동적)

101

↓ 창을 통해 바라본 연못. 여름날 차가운 병맥주 한 잔의 행복이 고마운 곳.

찾아보기(가나다순)

가		
	198	강담일식
	116	건지산둘레길
	144	건지산숲속작은도서관
	110	경기전
	60	교동다원
	24	구(舊) 박다옥
	26	국립무형유산원
	148	금암도서관
	231	금암피순대
	96	금지옥엽x무명씨네
	120	기지제 수변공원
	246	길손네 학사주점
	42	길위의 커피
	219	김가네얼큰이국밥
	238	까사 데 알마

나		
	176	낸시베이크샵
	234	노매딕 비어가든

다		
	172	다가여행자도서관
	200	대보장
	140	더바인홀
	102	덕진공원
	228	도담국밥앤수육
	192	도파멘
	194	돈카츠흑심
	196	동락
	221	동원순대집
	224	두거리우신탕 본점
	40	디드
	138	뜻밖의미술관

라	178	레이지크 해비탯
	32	로민커피

마	184	매미식당
	212	목로국밥
	244	몰트픽
	186	무슈 빠따뜨
	74	물결서사

바	114	바람 쐬는 길
	44	바이아커피스토어
	248	반구절점
	206	백송회관
	202	백화짬뽕
	70	북눅 전주
	56	브이엠에스 커피
	182	빛의 안부

사	80	살림책방
	229	삼백집
	254	새벽강
	152	서학예술마을도서관
	118	세병공원
	252	소록
	50	소프
	190	승구우동

아	188	아이마미따
	222	아줌마순대국밥
	217	양평해장국 본점
	82	에이커북스토어

	225	연지본관
	160	연화정도서관
	216	옛날피순대
	240	오스쿠로
	164	완산도서관
	122	완산칠봉꽃동산
	130	우진문화공간
	226	원조효자소머리곰탕
	104	웨딩거리-차이나거리-전라감영
	28	인재고택 학인당
	94	일요일의 침대

자	98	작가의 취향
	84	잘익은언어들
	18	전동성당
	260	전일갑오
	136	전주디지털독립영화관
	168	전주영화호텔 영화도서관
	223	전주왱이콩나물국밥전문점
	204	전주칼국수
	22	전주향교
	220	정수진풍년순대
	78	조림지
	215	조점례남문피순대
	227	족보설렁탕
	208	지복점
	64	지유명차 전주혁신점
	180	짹팥

차	134	창작소극장
	86	책방 토닥토닥
	88	청동북카페
	108	청연루-향교
	256	초원편의점

카	52	카페 닉
	242	카페코모도
	46	코스모스 에이피티
	218	큰집피순대 본점

파	126	팔복예술공장
	36	평화와 평화
	92	프롬투

하	156	학산숲속시집도서관
	262	한나슈퍼
	214	현대옥 남부시장점
	213	혜연옥
	230	호성순대

영문	66	LP카페 소리

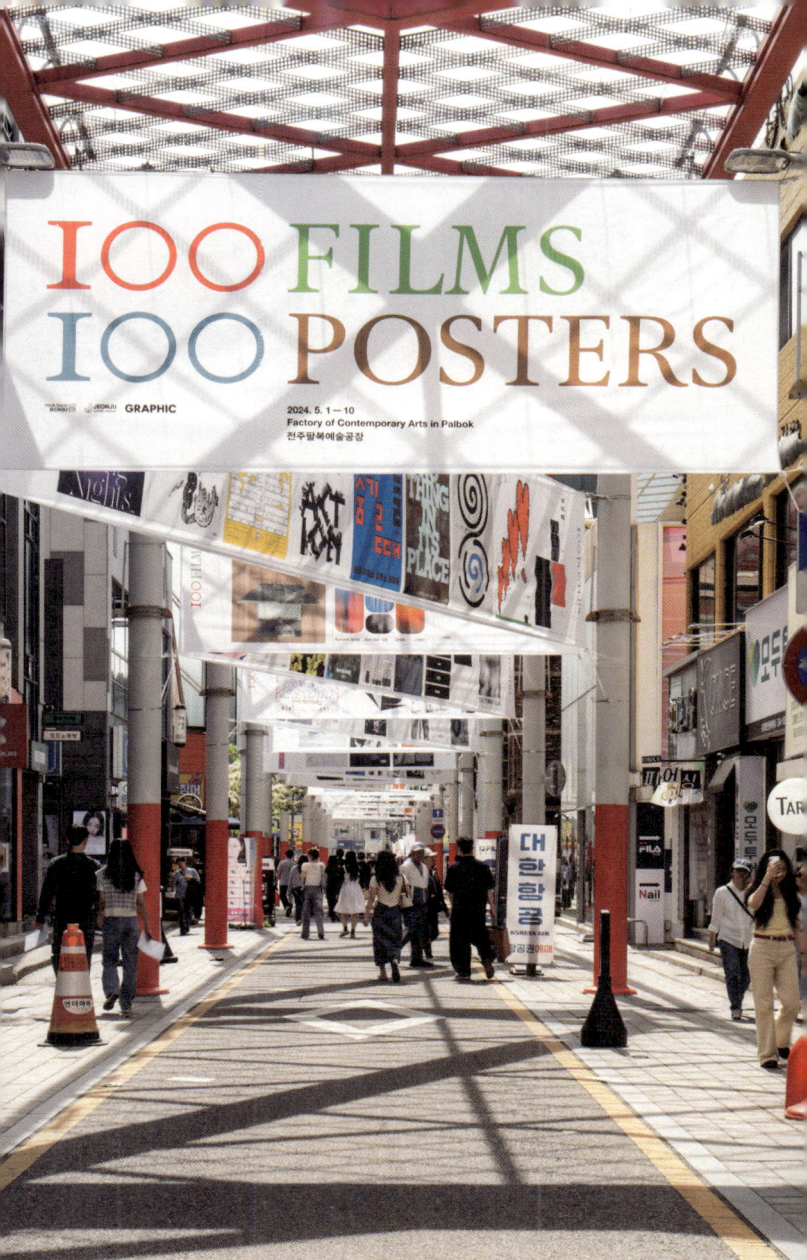

필자

강평화
전주에서 카페 '평화와 평화'를 책임지고 있습니다. 동료들에게 월급을 주기 위해 부지런히 움직입니다. 쉴 때는 뛰거나 헤엄칩니다. 그래도 저는 언제나 기운찹니다.

고재혁
글로 대화를 할 수 있다 믿으며 먹고 보는 것에 대한 느낌을 브런치와 인스타그램에서 개인적으로 글을 쓰며 활동하고 있다. 주로 영화에 대한 글을 쓰고 있다. 브런치@gozetto1014

김달아
SK브로드밴드 기자. 서울에서 10년간 신문기자로 살다가 고향으로 돌아와 방송기자, 그리고 엄마가 된 사람.

김미진
전주 출생. 2004년부터 지역신문 기자로 일하며 살고 있다. 신문사의 여러 부서 중 문화 파트에서 근무할 때가 가장 에너지가 넘친다. 현재 전북도민일보 문화교육부 부장이다.

나보배
2019년부터 연합뉴스에 입사해 기사를 쓰고 있다. warm@yna.co.kr 이메일처럼 온기가 담긴 뉴스를 전하고 싶다.

오힘
전주에서 오힘이라는 필명에 작가로 활동하며 숙박 똘랑 코티지 대표로 활동하고 있다. 주요 저서는『전주 다방에서 만나』, 『요요일기』 등이 있다.

윤은경
줄 서는 맛집보다 정성이 가득한 맛집을 좋아한다. 가정식을 주로 즐기며, 곁들임을 중요시 여긴다. 영화감독, 영상작가로 활동 중이다.

이휘빈
전주에서 30년 이상 살았다. 언론계에서 8년 이상 일했다. 빠른 것과 느린 것을 살피는 것을 좋아한다.

임주아
시인, 서점 물결서사 대표, 전주책쾌 총괄기획자. 시집『죽은 사람과 사랑하는 겨울』 출간.

황자양
밴드 게으른오후, 지도 기획·제작, 도시재생, 로컬 창업 지원 관련 일을 했다. 2024년 말 고향으로 돌아와 전라감영 근처에서 지도 중심 서점 프롬투를 운영하고 있다.

협력

더전주(The Jeonju)
더 알고 싶은 맛과 멋의 전주, 그 매력을 소개하는 SNS 채널.
다채로운 로컬의 삶을 추구하며 공유한다.
instagram@thejeonju

전주리뷰
101 THINGS TO DO IN 전주

에디팅
김광철, 이진화

필자
강평화, 고재혁, 김달아, 김미진,
나보배, 오힘, 윤은경, 이휘빈,
임주아, 황자양

협력
더전주(instagram@thejeonju)

사진
박혜정

교열
강경은

북디자인
노네임프레스

초판
2025년 4월 30일

전주국제영화제
전북 전주시 완산구 전주객사3길 22
전주영화제작소 2층
T. 063-288-5433
F. 063-288-5411

프로파간다
전북 군산시 구영4길 16-2
T. 02-333-8459
F. 02-333-8460
www.graphicmag.co.kr

이 책은 관광거점도시
전주시 보조금(전주씨네투어 사업)
으로 제작되었습니다.

©전주국제영화제, 프로파간다, 필자,
출판사 동의 없이 이 책에 실린 것을
임의로 사용할 수 없습니다.